AFRIKA-KARTENWERK   Serie N, Beiheft zu Blatt 13

Die dazugehörigen Karten befinden sich in der Kartensammlung !!!

AFRIKA-KARTENWERK

Herausgegeben im Auftrage der Deutschen Forschungsgemeinschaft
Edited on behalf of the German Research Society
Edité au nom de l'Association Allemande de la Recherche Scientifique
von / by / par Ulrich Freitag, Kurt Kayser, Walther Manshard,
Horst Mensching, Ludwig Schätzl, Joachim H. Schultze †

Redakteure, Assistant Editors, Editeurs adjoints: Gerd J. Bruschek, Dietrich O. Müller

Serie, Series, Série N
Nordafrika (Tunesien, Algerien)
North Africa (Tunisia, Algeria)
Afrique du Nord (Tunisie, Algérie)
Obmann, Chairman, Directeur: Horst Mensching

Serie, Series, Série W
Westafrika (Nigeria, Kamerun)
West Africa (Nigeria, Cameroon)
Afrique occidentale (Nigéria, Cameroun)
Obmänner, Chairmen, Directeurs: Ulrich Freitag, Walther Manshard

Serie, Series, Série E
Ostafrika (Kenya, Uganda, Tanzania)
East Africa (Kenya, Uganda, Tanzania)
Afrique orientale (Kenya, Ouganda, Tanzanie)
Obmänner, Chairmen, Directeurs: Ludwig Schätzl, Joachim H. Schultze †

Serie, Series, Série S
Südafrika (Moçambique, Swaziland, Republik Südafrika)
South Africa (Mozambique, Swaziland, Republic of South Africa)
África do Sul (Moçambique, Suazilândia, República da África do Sul)
Obmänner, Chairmen, Directores: Diethard Cech, Kurt Kayser

GEBRÜDER BORNTRAEGER · BERLIN · STUTTGART

AFRIKA-KARTENWERK

N 13

Serie N: Beiheft zu Blatt 13
Series N: Monograph to Sheet 13
Série N: Monographie accompagnant la feuille 13

Redakteur, Assistant Editor, Editeur adjoint: Gerd J. Bruschek

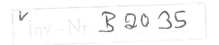
Adolf Arnold

Verkehrsgeographie — Nordafrika
(Tunesien, Algerien) 32° — 37° 30 N, 6° — 12° E

Transportation Geography — North Africa (Tunisia, Algeria)
Géographie des transports — Afrique du Nord (Tunisie, Algérie)

Verkehr 1966/72

Mit 22 Figuren und 19 Tabellen sowie Summary und Résumé

1981

GEBRÜDER BORNTRAEGER · BERLIN · STUTTGART

Für den Inhalt der Karte und des Beiheftes ist der Autor verantwortlich.
The author is responsible for the content of Map and Monograph.
L'auteur est responsable du contenu de la carte et de la monographie.

Gedruckt im Auftrage und mit Unterstützung der Deutschen Forschungsgemeinschaft
sowie mit Unterstützung (Übersetzungskosten) durch das Bundesministerium für
Wirtschaftliche Zusammenarbeit (BMZ).

Umschlagentwurf: G. J. Bruschek, D. O. Müller
Satz und Druck: H. Heenemann GmbH & Co, D-1000 Berlin 42 — Printed in Germany

ISBN 3 443 28338 1

Inhalt

Verzeichnis der Figuren

Verzeichnis der Tabellen

Contents

List of Figures

List of Tables

Table des matières

Table des figures

Table des tableaux

Verzeichnis der Abkürzungen

Allgemeine Abkürzungen

DA	Dinar Algérien
DT	Dinar Tunisien
G. P.	Route de Grand Parcour
Jh.	Jahrhundert
Min.	Minute
Mio.	Million
Mrd.	Milliarde
t	Tonne
tdw	tons dead weight
tkm	Tonnenkilometer
Tsd.	Tausend

Abkürzungen von Firmen

BCT	Banque Centrale de Tunisie
CNAN	Compagnie Nationale Algérienne de Navigation
CTN	Compagnie Tunisienne de Navigation
SNCFA	Société Nationale des Chemins de Fer Algériens (bis 1976)
SNCFT	Société Nationale des Chemins de Fer Tunisiens
SONATRACH	Société Nationale de Transport et de Commercialisation des Hydrocarbures
STB	Société Tunisienne de Banque
SNT	Société Nationale des Transports (Tunesien)
SNTF	Société Nationale des Transports Ferroviaires (Algerien, ab März 1976)
TRAPSA	Compagnie des Transports par Pipelines au Sahara

1 Einleitung

1.1 Zielsetzung, Quellenlage

Die Karte N 13 „Verkehrsgeographie" der Serie N des AFRIKA-KARTENWERKES gibt die Verkehrsströme in Tunesien und Ostalgerien wieder. Dargestellt werden der Straßenverkehr, der Eisenbahnverkehr, der Luftverkehr, die Öl- und Erdgasleitungen sowie der Umschlag der Seehäfen. Die Karte war im April 1976 im Endentwurf fertiggestellt, sie erfaßt das Verkehrsvolumen für den Zeitraum 1966—1972. Die Geländearbeiten wurden im Verlauf von drei Reisen, für deren Finanzierung ich der DFG sehr zu Dank verpflichtet bin, gleichzeitig mit der Aufnahme der Karte N 12 „Wirtschaftsgeographie" in den Jahren 1968—1970 durchgeführt. Die unterschiedlichen Quellenlagen für die beiden Maghrebstaaten gestattet kein einheitliches Stichjahr. Die Darstellung des Straßenverkehrs mußte z. B. auf Verkehrszählungen zurückgreifen, die in Algerien 1966, in Tunesien 1967 durchgeführt wurden (vergl. die Stichjahre der einzelnen Verkehrsarten in der Legende der Karte N 13).

Im vorliegenden Erläuterungsband werden die Verkehrsdaten, soweit erreichbar, bis 1975 nachgeführt. Dabei zeigt sich, daß die Verkehrsstruktur seit den Stichjahren der Karte N 13 keine wesentlichen qualitativen Veränderungen erfahren hat. Eine Ausnahme bilden lediglich die beiden ostalgerischen Häfen Skikda (Aufnahme der Erdöl- und Flüssiggasverschiffung) und Annaba (Diversifizierung des Umschlags durch Industrieansiedlung). Im übrigen hat die Entwicklungspolitik der seit 1956 (Tunesien) bzw. 1962 (Algerien) unabhängigen Nationalstaaten die typischen kolonialzeitlichen Strukturmerkmale des Verkehrs, welche die Karte N 13 enthält, bisher nicht entscheidend modifiziert.

Die europäische Kolonisation des 19. und 20. Jahrhunderts hat das Verteilungsmuster von Bevölkerung und wirtschaftlichen Aktivitäten so stark überformt, daß ihre Auswirkungen auch in den Verkehrsströmen in absehbarer Zeit nicht zu eliminieren sind. Insofern wird der qualitative Inhalt der Karte N 13 auch in Zukunft aktuell bleiben, selbst wenn einzelne quantitative Aussagen dem Wandel der Zeit unterworfen sein werden.

Für den gesamten Kartenausschnitt ist es gelungen, zuverlässiges Zahlenmaterial zu beschaffen. Die Darstellung des Straßenverkehrs basiert im tunesischen Kartenbereich auf einer detaillierten Verkehrszählung, die 1967 durchgeführt wurde und deren Ergebnisse veröffentlicht wurden (RECENSEMENT GÉNÉRAL DE LA CIRCULATION 1967—1968).

Für den ostalgerischen Bereich stand eine unveröffentlichte Verkehrszählung aus dem Jahre 1966 der SERVICES DES PONTS ET CHAUSSÉES, Algier, zur Verfügung.

Der Eisenbahnverkehr basiert auf amtlichen Statistiken der algerischen und tunesischen Bahnverwaltung, während der Hafenumschlag und die Passagierzahlen der Flughäfen dem ANNUAIRE STATISTIQUE DE LA TUNISIE, dem ANNUAIRE STATISTIQUE DE L' ALGÉRIE sowie anderen Einzelquellen entnommen werden konnten. Die Sitzplatzkapazität der Fluglinien wurde nach ABC WORLD AIRWAYS GUIDE vom August 1970 berechnet. Die Transportleistung der Ölleitungen mußte indirekt, nach der Förderung der Lagerstätten oder nach dem Umschlag des Terminals, berechnet werden. Die vorliegende Monographie analysiert sukzessive in 6 Kapiteln die einzelnen Verkehrsarten. Dabei werden zunächst die jeweiligen Verkehreinrichtungen nach Genese und aktuellem Zustand beschrieben, es folgt eine Strukturanalyse der einzelnen Verkehrsarten. Über die reine Beschreibung der in der Karte N 13 dargestellten Tatbestände hinaus sollen die Verkehrsströme und Umschlagziffern als Indikatoren für die wirtschaftsräumliche Differenzierung und hinsichtlich ihrer Eignung für die Regionalentwicklung des östlichen Maghreb gewertet werden.

1.2 Lage und Einordnung des Untersuchungsgebietes

Der Schnitt der Serie „Nordafrika" des AFRIKA-KARTENWERKES wird durch die Blätter Tunis und Sfax der Internationalen Weltkarte (IWK) im Maßstab 1 : 1 000 000 vorgegeben. Dabei umfaßt der tunesische Anteil nahezu das gesamte bewohnte und wirtschaftlich nutzbare Staatsgebiet. Lediglich der vollaride Süden, der allerdings die wichtige Erdöl- und Erdgaslagerstätte El Borma enthält, liegt außerhalb des Kartenbereiches. Der algerische Blattanteil enthält die wichtigsten Eisenerz- und Phosphatbergwerke des Landes, welche auch heute noch das Gros des Transportvolumens der algerischen Eisenbahnen liefern. Mit dem Städtedreieck Constantine—Skikda—Annaba werden Schwerpunkte der postkolonialen Industrialisierung erfaßt. Auf dem unbedeutenden libyschen Blattanteil wurde lediglich die Verkehrsbelastung der Küstenstraße Médénine—Tripolis aufgrund der tunesischen Angaben über die Grenze fortgeführt. Die italienische Insel Pantelleria wurde, wie bei allen Blättern der Serie, nicht bearbeitet. Der Blattschnitt der Karte „Nordafrika" wurde so gewählt, daß der geographische Wandel vom mediterran-humiden Norden zum saharisch-ariden Süden erfaßt wurde (vergl. H. MENSCHING 1968a, S. 16). Die Karte N 13 umfaßt daher Anteile von sehr verschiedenen Naturräumen, nämlich vom semihumiden Küstentell mitsamt den Küstenebenen, vom semiariden Steppenhochland, vom semiariden Sahararand und schließlich im südwestlichen Blattbereich auch Teile der vollariden Wüstenzone. Selbstverständlich kann das Verkehrsaufkommen eines Raumes nicht direkt mit seiner naturräumlichen Gliederung korreliert werden, schon die zufällige Lokalisation der Bergbaustandorte entzieht sich einer schematischen Einordnung. Da aber die klimatische Differenzierung die Möglichkeit der agrarischen Nutzung und damit die Bevölkerungsverteilung der vorindustriellen Gesellschaft vorgibt, zeichnet auch die Karte N 13 „Verkehrsgeographie" die großen naturräumlichen Einheiten im Maghreb nach. Ein Vergleich mit den Karten des AFRIKA-KARTENWERKES N 8 „Bevölkerungsgeographie" von H.-G. WAGNER und N 11 „Agrargeographie" von H. ACHENBACH sei daher nachdrücklich empfohlen. Auch auf der Karte N 13 wird das Gefälle der Verkehrsdichte vom Ballungsraum Tunis bis zum praktisch verkehrslosen Wüstengebiet des östlichen Erg im südwestlichen Blattviertel deutlich.

1.3 Probleme der kartographischen Darstellung

Die kartographische Gestaltung der Karte „Verkehrsgeographie" des AFRIKA-KARTENWER-KES wurde in mehreren Koordinationsbesprechungen für alle vier Blätter einheitlich festgelegt. Die verschiedenen Verkehrsströme werden nach der Bändermethode dargestellt, während das Passagieraufkommen der Flug- und Seehäfen sowie der Güterumschlag der Seehäfen mit dem Mittel des Kreissektorendiagramms ausgedrückt wird. Eine Aufnahme der Schiffahrtslinien erwies sich angesichts der Bedeutung der unregelmäßigen Trampschiffahrt als unzweckmäßig, sie hätten das Kartenbild wohl auch überladen.

Beim Straßenverkehr wird die Verkehrsbelastung nach Fahrzeugen dargestellt. Als unterer Schwellenwert wurden 100 Fahrzeuge/Tag festgelegt. Angesichts des kleinen Maßstabes der Karten konnten in den dicht besiedelten Räumen nur die wichtigen Hauptstraßen aufgenommen werden. Vom Eisenbahnverkehr wird die jährliche Nettotonnage-Belastung wiedergegeben. Von besonderer Bedeutung war hier die Trennung der beiden Fahrtrichtungen, um die unausgeglichenen Güterströme aufzuzeigen. Bei der Darstellung der Fluglinien mußte mangels geeigneten Datenmaterials vom Prinzip der tatsächlichen Transportleistung abgegangen werden; mit der Wiedergabe des Flugplatzangebots/Woche wird nur die Transportkapazität abgebildet. Der Charterflugverkehr, der für Tunesien im Rahmen des Flugtourismus große Bedeutung besitzt, kann wegen seines unregelmäßigen Auftretens nur durch seinen Anteil am Passagieraufkommen der Flughäfen quantifiziert werden.

Die Erdölleitungen werden nach ihrer tatsächlichen Transportleistung im Jahr differenziert; bei der Erdgasleitung Hassi R' Mel — Skikda mußte allerdings die Transportkapazität von 12 Mrd. m^3 dargestellt werden, da sie bei Fertigstellung des Kartenentwurfes zwar betriebsbereit war, über das Stadium der Versuchstransporte aber noch nicht hinausgelangt war. Wie jede Karte besteht auch die Karte N 13 „Verkehrsgeographie" aus einer Summe von Kompromissen.

2   Der Straßenverkehr

Der Straßenverkehr stellt im östlichen Maghreb die mit Abstand wichtigste Verkehrsart für den interregionalen Personen- und Güterverkehr dar. Der Eisenbahnverkehr dient hauptsächlich dem Abtransport der Bergbauprodukte; schiffbare Flüsse sind nicht vorhanden, und die Küstenschiffahrt hat seit jeher nur eine untergeordnete Bedeutung. Schon in der vorkolonialen Zeit bestand ein nicht unbeträchtlicher Warenaustausch zwischen den verschiedenen Wirtschaftsräumen, der schon durch die starke naturräumliche Differenzierung auf relativ kurze Distanz angeregt wurde. Das räumliche Nebeneinander von so unterschiedlichen agrarischen Produktionsräumen wie Oasen, Weidewirtschaftsgebieten in den Steppen und Gebirgen sowie den mediterranen Getreidebau- und Baumkulturgebieten bedingte den Austausch der überschüssigen Agrargüter, ganz abgesehen von der Versorgung mit Gewerbprodukten aus den Städten und Gewerbedörfern.

2.1 Das Straßennetz

Der Landverkehr im vorkolonialen Maghreb war so gut wie ausschließlich ein Fußgänger- und Saumtierverkehr, der Wagenverkehr war bis weit ins 19. Jahrhundert hinein unbekannt, obwohl zur Römerzeit ein lebhafter Karrenverkehr auf einem gut ausgebauten Straßennetz entwickelt war. J. Despois (1958, S. 467) führt dieses merkwürdige Phänomen auf die beherrschende Stellung der Nomaden im Fernverkehr zurück, die ihr Transportmonopol nicht durch den leistungsfähigeren Karrentransport gefährden ließen. Lediglich im nordöstlichen Tunesien war seit der Zeit der türkischen Herrschaft der aus Sizilien stammende zweirädrige Karren, die sogenannte „araba", im Nahverkehr bekannt (J. Despois 1958, S. 155—156). Die Dominanz des Saumtierverkehrs hatte zur Folge, daß im präkolonialen Maghreb kein Bedarf an ausgebauten Straßen bestand. Es genügten Pisten, deren Verlauf allerdings durch Wasserstellen, Rasthäuser (sogenannte Menzel oder Karawansereien) und durch die wenigen Brücken über die größeren Flüsse in hohem Maße festgelegt war. Der Bau von befestigten Straßen begann im östlichen Maghreb erst im Gefolge der europäischen Kolonisation; man folgte dabei vielfach den alten Pisten. Tunesien verfügte im Jahre 1881, als das französische Protektorat errichtet wurde, über eine einzige Chaussee von 4 km Länge, die von Tunis zum Sommerschloß Bardo führte (L. Olivier o. J., S. 312). Der Straßenbau war eine unabdingbare Voraussetzung für die militärische Beherrschung und koloniale Penetration der Maghrebländer. Da Algerien ab 1830, Tunesien erst 1881 dem französischen Kolonialreich einverleibt wurde, schlug sich diese Zeitdifferenz auch in der Verwendung des jeweiligen Verkehrsträgers nieder. Die Besetzung Algeriens in den Jahren 1830—1850 erfolgte zu einer Zeit, als der Karren das vorherrschende Verkehrsmittel war. Die ersten Straßen wurden von Pioniertruppen erbaut, sie verbanden die Militärlager und größeren Städte untereinander und mit den Nachschubhäfen (so z. B. die Verbindung Constantine—Skikda). Diese Militärstraßen, die anfangs nur in der Trockenzeit befahrbar waren (J. Despois 1958, S. 469) und erst nach und nach befestigt wurden, begründeten das algerische Straßennetz.

Demgegenüber erfolgte die Unterwerfung Tunesiens zu einem Zeitpunkt, als die Eisenbahn das führende Verkehrsmittel war. Folglich ging hier der Eisenbahnbau dem Straßenbau voraus, in den ersten Jahrzehnten der Kolonisation wurden den Straßen lediglich Zubringerfunktionen für die Bahn zugedacht (E. Guernier 1948, S. 331). Die begrenzten Budgetmittel wurden anfangs zum Bau der Bahnen und Häfen verwandt, so daß Tunesien im Jahre 1907 erst über ein Straßennetz von 3 100 km verfügte (E. Guernier 1948, S. 332). Aus *Figur 1* wird der Entwicklungsunterschied des algerischen und tunesischen Straßennetzes für das Jahr 1900 ersichtlich. Erst mit dem Aufkommen des Automobils etwa ab 1920 erhielt der Straßenbau in Algerien und Tunesien höhere Priorität, das Netz wuchs jetzt relativ rasch (s. *Fig. 2*). In den dreißiger und vierziger Jahren wurden auch aus militärstrategischen Erwägungen neue Strecken, wie z. B. die Verbindung Tébessa—Gabès, ausgebaut. Zu Beginn des 2. Weltkrieges verfügte Tunesien über ein Straßennetz von rund 13 000 km, wovon etwa die Hälfte, 6 675 km, als befestigte Allwetterstraßen angelegt waren (s. *Tab. 1*).

Als Tunesien 1956 unabhängig wurde, besaß es ein dichtes Netz im nördlichen Landesteil, besonders in der Umgebung der Hauptstadt Tunis, sowie entlang der Ostküste zwi-

Tabelle 1   Die Entwicklung des tunesischen Straßennetzes

	1940 (km)	1962 (km)	1971 (km)
Asphalt- und Betonstraßen	2 709	6 482	7 592
Sonstige befestigte Straßen	3 966	1 181	875
Summe Allwetterstraßen	6 675	7 663	8 467
Erdstraßen	1 773	1 034	3 335
Pisten	4 600	6 946	4 752
Gesamtes Straßennetz	13 048	15 643	16 554

Quellen: E. GUERNIER 1948, S. 334; — ANNUAIRE STATISTIQUE DE LA TUNISIE 1963, S. 103; — STB, INFORMATIONS ÉCONOMIQUES N° 113, 1972, S. 23.

schen Tunis und Sfax (s. *Fig. 3*). Die inneren Steppengebiete waren über Stichstraßen zu erreichen, während die Oasen des Sahararandes überhaupt noch nicht an das Allwetter-Straßennetz angeschlossen waren (J. M. MIOSSEC & P. SIGNOLES 1976, S. 159).

Das algerische Straßennetz wurde während des Befreiungskrieges (1954—1962) durch die französische Armee stark ausgebaut (s. *Fig. 3*). Selbst relativ unbedeutende Nebenstraßen erhielten in den Hauptkampfgebieten jetzt eine feste Asphaltdecke. Das erklärt z. B. die Netzverdichtung im Aurès (östlich von Batna), sowie die parallel zur tunesischen Grenze, durch die Subsidenzzone der Chotts führende Trasse Tébessa—El Oued (s. *Fig. 3*). Die Erdölexploration führte zum Bau der ersten Asphaltstraßen in der Sahara.

In der Postkolonialzeit wurde das Straßennetz weiter verdichtet und den veränderten Anforderungen angepaßt. Auf algerischer Seite wurden mehrere Langstrecken zur Erschließung der Steppenzone als Asphaltstraßen ausgebaut, wie z. B. die von Khenchela ausgehende Durchquerung der Nementchaberge. Bemerkenswert ist auch die seit 1974 durchgängig asphaltierte Verbindung zwischen den südtunesischen Djeridoasen (Tozeur, Nefta) und der algerischen Oasenstadt El Oued. Diese Aufwertung einer uralten Karawanenpiste ist nicht nur für den wachsenden Saharatourismus interessant, auf diese Weise erhält Tunesien auch (über Touggourt und Ouargla) einen Anschluß an die im Bau befindliche Transsaharastraße Algier—Ghardaia—Hoggar—Niger[1]. Im tunesischen Blattbereich wurden in der Postkolonialzeit die Netzlücken im Steppengebiet weiter geschlossen. Dadurch wurden die Städte Kasserine, Gafsa und vor allem Kairouan erst zu Verkehrsknotenpunkten. Die Saharaoasen des Djerid und des Nefzaouagebietes wurden

---

[1]   Dieses wohl spektakulärste Straßenbauprojekt Algeriens, wenn nicht ganz Afrikas, vollzieht sich zwar außerhalb des Bereichs der Karte N 13, es könnte aber sehr wohl indirekt zu einer verkehrsgeographischen Aufwertung Südostalgeriens und Südtunesiens durch eine Renaissance des Transsaharaverkehrs beitragen. Mit dem Bau wurde 1971 ab El Goléa begonnen, 1973 war der Abschnitt bis In Salah (410 km), 1978 derjenige bis Tamanrasset im Hoggar (694 km) von den Bautrupps der algerischen Armee fertiggestellt. Bis etwa 1985 könnte diese offiziell „Straße der afrikanischen Einheit" genannte Trasse den Anschluß an das asphaltierte Straßennetz im Sahel finden (s. a. L. BLIN 1978, S. 42—50; R. HOFMEISTER 1979, S. 5—18).

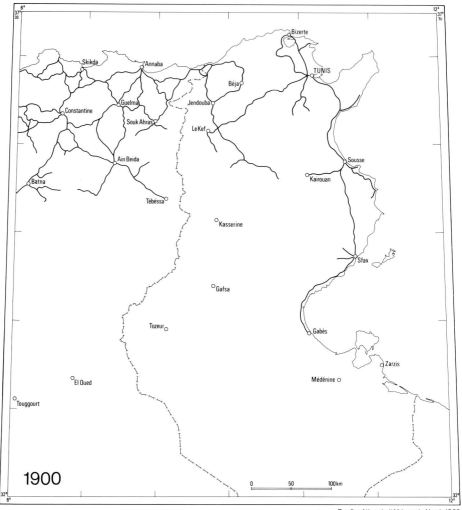

Quelle: Atlas de l'Afrique du Nord, 1939

Figur 1   Das Straßennetz im Jahre 1900.

durch Allwetterstraßen erschlossen. Für die Bedürfnisse des Fremdenverkehrs werden seit etwa 1965 eine Reihe von Pisten in Südtunesien zu Allwetterstraßen ausgebaut. Zu diesen „routes touristiques" zählen die Stichstraße Gabès—Matmata, die Direktverbindung zur Insel Djerba und die Ortsverbindungsstraßen auf Djerba.

Von größerer Bedeutung als die quantitative Ausweitung des Allwetterstraßennetzes waren in der Postkolonialzeit aber die qualitativen Verbesserungen der bestehenden Straßen. Dem steigenden LKW- und Autoverkehr war der Unterbau der älteren Trassen oft nicht gewachsen, auch wenn im Maghreb ein frostsicherer Ausbau — abgesehen von

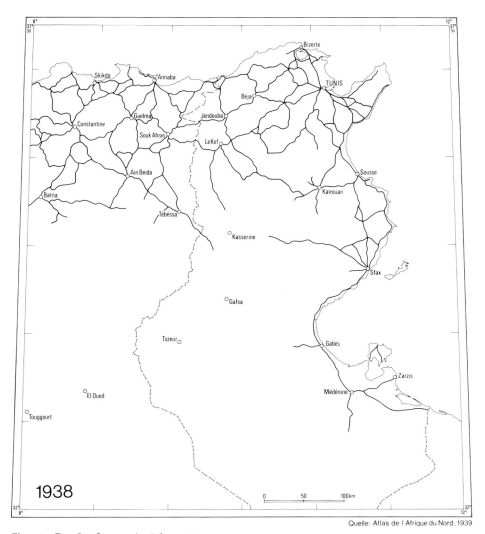

Quelle: Atlas de l'Afrique du Nord, 1939

Figur 2   Das Straßennetz im Jahre 1938.

Hochlagen — nicht erforderlich ist. Die Übergänge über die perennierenden Flüsse Mittel- und Südtunesiens wurden früher als feste Durchfahrten angelegt, die nach Starkregen tagelang unpassierbar waren. Sie werden heute zunehmend durch Brücken ersetzt. Ein besonderes Programm gilt der Verstärkung der Straßen und Brücken an den erosionsgefährdeten Stellen aufgrund der Erfahrungen nach den Überschwemmungen von 1969, 1973 und 1975. Für dieses Sonderprogramm wendet der tunesische Staat 26 Mio. Dollar auf (M. SOULA 1976, S. 11). Die Modernisierung der älteren Trassen läuft daher oft auf einen völligen Neubau hinaus.

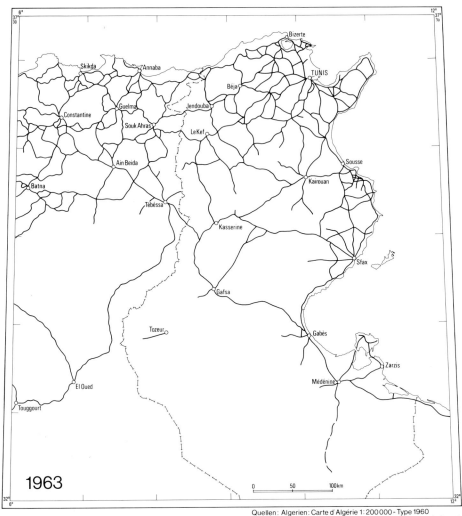

Quellen: Algerien: Carte d'Algérie 1:200000 - Type 1960
Tunesien: Ministère des Travaux Publics, Routes de Grands
Parcours, Karte 1:1000 000 (1963)

Figur 3   Das Straßennetz im Jahre 1963.

Das Straßennetz im Bereich der Karte N 13 weist im Vergleich zu anderen afrikanischen Entwicklungsländern einen vorzüglichen Entwicklungsstand auf (vergl. hierzu die übrigen Verkehrskarten des AFRIKA-KARTENWERKES W 13, E 13 und S 13!). Selbst in den saharischen Gebieten sind die größeren Siedlungen heute über Asphaltstraßen zu erreichen. Das Straßennetz im östlichen Maghreb genügt durchaus den Verkehrsanforderungen. Zwischen den Maschen der befestigten Straßen bleibt man freilich auf absehbare Zeit noch auf Pisten angewiesen. Hier spielen Saumtiere (Pferd, Esel, Maultier, Dromedar)

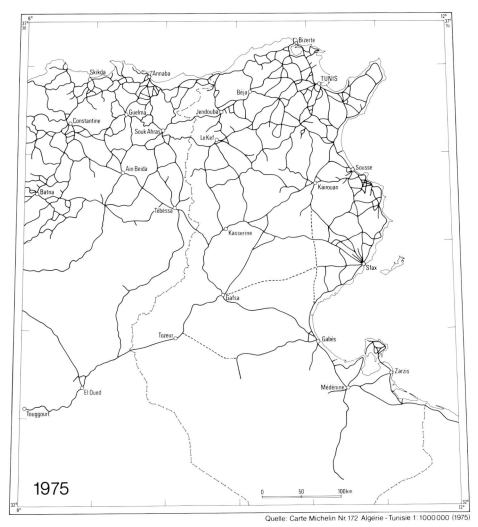

1975

Quelle: Carte Michelin Nr. 172 Algérie - Tunisie 1 : 1 000 000 (1975)

Figur 4   Das Straßennetz im Jahre 1975. Obwohl der Ausbau weit fortgeschritten ist, befinden sich in Tunesien noch einige wichtige Fernverbindungen (gestrichelte Linie) im Pistenzustand.

sowie der Karren („araba") für den Lokalverkehr noch immer eine wichtige Rolle, wie man bei einem Besuch eines ländlichen Wochenmarkts leicht feststellen kann (s. *Fig. 5* und 6). Im Fernstraßennetz bleiben dagegen nur noch wenige Lücken zu schließen: erstaunlicherweise sind in Tunesien die wichtigen Nationalstraßen G.P.2 Kairouan—Gabés und G.P.14 Sfax—Gafsa noch heute im Pistenzustand, obwohl der Ausbau der G.P.2 schon in den dreißiger Jahren projektiert war (s. *Fig. 4*). Auf algerischer Seite steht noch eine Ost-West-Verbindung südlich der Nementchaberge aus.

Figur 5   Kamelkarawane in der algerischen Sahara. In unwegsamen Gebieten, wie hier bei Ouargla, ist das Dromedar im Lokalverkehr noch anzutreffen. 3. 3. 1969

Auffallendstes Charakteristikum der Netzkonfiguration im Bereich der N 13 ist die Ausrichtung des tunesischen Straßennetzes auf Tunis: hier laufen alleine 6 Nationalstraßen zusammen, die ein weites Hinterland an die Hauptstadt binden. Der postkoloniale Ausbau des Straßennetzes im zentralistisch regierten Tunesien hat die verkehrsgeographische Position der Hauptstadt auf Kosten von Sousse und Sfax noch verstärkt. In der algerischen Blatthälfte bildet der Raum Constantine die wichtigste Verkehrsdrehscheibe, 6 Nationalstraßen konvergieren hier.

Angesichts des kleinen Maßstabs von 1:1 000 000 des AFRIKA-KARTENWERKES konnten die Nebenstraßen in den dichter besiedelten Gebieten nicht in die Karte N 13 aufgenommen werden. Figur 4 gibt jedoch einen Eindruck von der hohen Verdichtung des asphaltierten Straßennetzes in einigen Teilbereichen des Kartenbereiches. Solche Teilbereiche sind nicht nur die Einzugsgebiete der großen Städte, sondern vor allem auch die von der europäischen Agrarkolonisation erfaßten Küstenebenen von Skikda und Annaba sowie das Hinterland von Tunis am Oued Medjerda und Oued Miliana. Ein dichtes Straßennetz verbindet auch die Großdörfer und Städte der traditionellen arabischen Kulturlandschaft des Sahel von Sousse—Monastir untereinander. Eine ganz andere Netzkonfiguration weist der Sahel von Sfax auf. Er wird von Radialstraßen erschlossen, welche das Ölbaumgebiet bis zu einem Radius von 80—100 km mit der Stadt verbinden, während die Fernverbindungen dieser zweitgrößten Stadt Tunesiens mit ihrem Hinterland noch ausbaufähig sind.

Die künftigen Ausbaupläne Tunesiens sehen die Modernisierung der wichtigen Nationalstraßen vor (M. SOULA 1976, S. 13). So soll besonders die G.P.1 Tunis—Sousse—Sfax—libysche Grenze auf einer Länge von 480 km erneuert werden, wobei vor allem Umgehungsstraßen um die größeren Siedlungen vorgesehen sind. Bis zur algerischen Grenze sollen die G.P.5 Tunis—Le Kef und die G.P.6 Tunis—Béja—Jendouba modernisiert werden. Schließlich ist geplant, durch den Ausbau der G.P.8 eine schnelle Verbindung von Tunis zum Entwicklungspol Bizerte zu schaffen; dabei soll eine neue Brücke über den Kanal von Bizerte das zeitraubende Warten an den Kanalfähren überflüssig machen (M. SOULA 1976, S. 13). Insgesamt ist im laufenden Vierjahresplan 1977—1981 die Summe von 112,6 Mio. DT für das Straßennetz Tunesiens vorgesehen (AFRIQUE TRANSPORT 1978, S. 43).

Figur 6   Saumtierparkplatz am Wochenmarkt von Fernana (Nordtunesien). Die Anreise zu den traditionellen Wochenmärkten erfolgt zwar überwiegend mit Kraftfahrzeugen, dennoch benutzen noch Hunderte von Besuchern die traditionellen Tragtiere (Esel, Maultier), die am Rand des Marktplatzes gegen eine geringe Gebühr „geparkt" werden. 9. 4. 1969

2.2 Die Raumstruktur des Straßenverkehrs

Die Darstellung des Straßenverkehrs basiert auf der algerischen Verkehrszählung von 1966 und der tunesischen Erhebung von 1967. In Algerien wurde an 5 Tagen das Verkehrsvolumen gezählt und ein Tagesmittelwert errechnet. Die Zählung wurde leider nur an relativ wenigen Zählpunkten — insgesamt 21 im algerischen Anteil der Karte N 13 — durchgeführt, so daß die Zwischenstrecken interpoliert werden mußten. Sehr viel aussagekräftiger war hingegen die tunesische Zählung, die zwischen April und Juni 1967 an 7—14 Zähltagen den Verkehr sehr detailliert erfaßte. Mit 414 Zählpunkten auf 7 000 km Straßenlänge wurden die Fahrzeugbewegungen in Tunesien sehr exakt erfaßt. Aussagen über die auf der Straße beförderten Gütermengen und Personen lassen sich damit freilich nicht treffen. Die Darstellung der Fahrzeugfrequenz auf der Karte N 13 erlaubt daher nur indirekte Rückschlüsse auf die Verkehrsströme.

Bei der Betrachtung der auf Karte N 13 dargestellten Ströme des Straßenverkehrs fällt auf, wie gering der grenzüberschreitende Verkehr zwischen den Maghrebstaaten ist. Die lange tunesisch-algerische Grenze kann lediglich an 9, die tunesisch-libysche Grenze an 3 Grenzübergangsstellen überschritten werden.

Im Jahre 1975 benutzten von 1 013 851 einreisenden Ausländern („non residents") in Tunesien lediglich 114 796 (= 11,3 %) Angehörige aller Nationalitäten die Straßenübergangsstellen. Davon waren über die Hälfte (58 504) Einreisende aus Libyen auf der Strecke Tripolis—Médénine. An den drei wichtigsten Grenzstationen zu Algerien wurden während des Jahres 1975 in Tabarka 15 222, auf der Strecke Tébessa—Gafsa 9 785 und auf derjenigen von El Kala nach Ain Draham 8 831 Personen registriert (ONTT: LE TOURISME EN CHIFFRES 1975, S. 30). Wie gering der Reiseverkehr zwischen den Maghrebstaaten ist, geht auch aus *Tabelle 2* hervor. Starke Schwankungen — wie etwa das Ausbleiben der Libyer 1976 — sind mit zeitweiligen politischen Spannungen zu erklären. Im Jahre 1975 waren die Libyer mit 5,5 % an der Gesamtzahl der einreisenden Ausländer in Tunesien beteiligt, auf Algerier entfielen 3,4 % und auf Marokkaner 0,9 %.

Tabelle 2   Anzahl der einreisenden Algerier und Libyer in Tunesien nach Verkehrsmitteln

	Algerier				Libyer			
	Straße	Flugzeug	Schiff	Summe	Straße	Flugzeug	Schiff	Summe
1968	11 148	2 853	361	14 362	28 679	2 759	272	31 710
1969	4 927	2 260	350	7 537	27 849	2 780	352	30 981
1970	5 749	2 775	404	8 928	33 458	2 712	157	36 327
1971	7 967	3 149	670	11 786	50 106	3 835	499	54 440
1972	9 374	4 274	934	14 582	57 820	5 790	625	64 235
1973	11 499	5 939	1 144	18 582	55 501	6 884	724	63 109
1974	17 266	6 781	1 250	25 297	56 287	6 198	953	63 438
1975	24 804	7 655	1 933	34 392	48 205	6 336	1 088	55 629
1976	15 134	6 779	1 563	23 476	7 822	2 105	169	10 096
1977	45 640	10 913	3 822	60 375	32 673	6 325	589	39 587

Quellen: ONTT: LE TOURISME EN CHIFFRES 1970, S. 20; — 1972, S. 21; — 1975, S. 28; — 1977, S. 28

Auch der Außenhandel zwischen den drei Maghrebstaaten ist bis heute recht gering geblieben. Im Jahre 1975 stammten nur 0,2 % (1,144 Mio. DT) der tunesischen Importe aus Algerien und gar nur 0,016 % (94 000 DT) aus Libyen; von den Exporten Tunesiens gingen immerhin 4,19 % (14,47 Mio. DT) nach Algerien und 5,43 % (18,77 Mio. DT) nach Libyen (ANNUAIRE STATISTIQUE DE LA TUNISIE 1974—1975, S. 327). Entsprechend bescheiden sind die Güterströme zwischen den Maghrebländern: mit Libyen wurden 1 500 t Importe und 79 000 t Exporte getauscht.

Der Güteraustausch zwischen den Maghrebländern war bereits während der Kolonialzeit nur schwach entwickelt: „Mais les 3 pays nordafricains, ... n' ont pas grand' chose, normalement à échanger entre eux, car leurs productions sont semblables" (J. DESPOIS, 1958, S. 476). Im Jahre 1954, als beide Länder noch dem französischen Kolonialreich angehörten, wickelten sich nur 3,4 % der Importe und 7,4 % der Exporte Tunesiens mit Algerien ab (J. LEPIDI 1955, S. 76—77). Dieser Anteil hat sich, wie oben aufgezeigt wurde, seitdem sogar noch verringert.

Die Karte N 13 stellt also für den algerischen und tunesischen Bereich Verkehrssysteme dar, die nur wenig Verbindung miteinander haben. Das gilt neben dem Eisenbahnverkehr (s. *Kap. 3.1*) besonders auch für den Straßenverkehr. Die politischen Grenzen bilden eine scharfe Zäsur für die Verkehrssysteme der souveränen Staaten: von den Kernräumen des jeweiligen Staates nimmt der Verkehr bis zur Peripherie sehr stark ab. Die Maghrebstaaten stehen gleichsam Rücken an Rücken.

In Ostalgerien bildet der Raum Constantine—El Khroub den wichtigsten Knotenpunkt des Straßenverkehrs. Die Stadt Constantine ist eines der wenigen Beispiele im Maghreb für eine ungebrochene Kontinuität als Zentraler Ort seit der Antike (s. A. ARNOLD 1979, S. 128). Seit die Stadt im 16. Jahrhundert Vorort eines türkischen Beyliks wurde, nimmt sie auch die Funktionen eines wirtschaftlichen und kulturellen Oberzentrums ein. Ihre Handelsfunktionen werden durch die Lage in der Kontaktzone von Tell und Hochsteppe begünstigt, zweier Naturräume, die seit römischer Zeit unterschiedliche Wirtschaftsstrukturen aufweisen. Zudem liegt Constantine im Schnittpunkt alter Handelsstraßen: die eine führt vom Mittelmeer in die Sahara, die andere durchzieht den Maghreb von Algier nach Tunis in West-Ost-Richtung. Wenn der Fernhandel über die algerisch-tunesische Grenze auch unbedeutend geworden ist — im 18. Jahrhundert verkehrte jeden Monat eine Karawane mit 200—300 Maultieren zwischen Constantine und Tunis (L. VALENSI 1969, S. 60) —, so ist Constantine doch auch heute noch der überragende Güterverteiler und -sammler für ganz Ostalgerien bis zum Sahararand. Constantine hatte aus präkolonialer Zeit eine so überragende Position als Binnenzentrum, daß in Ostalgerien die aus vielen Kolonialgebieten bekannte einseitige Entwicklung der Hafenstädte nur in abgeschwächter Form auftrat. Erst die massive postkoloniale Industrialisierung der Entwicklungspole Skikda und Annaba (s. A. ARNOLD 1979, S. 88—93 und 97—101) könnte die Position von Constantine gefährden. Die meistbelasteten Straßen sind einmal die Strecke Constantine—Sétif—Algier, welche die wichtigste West-Ost-Verbindung Algeriens darstellt. Die zweite Hauptstrecke stellt die Verbindung zwischen Constantine und den Hafenstädten Skikda und Annaba her. Nach Süden zu, in der dünnbesiedelten ehemaligen Steppe, werden die Verkehrsbänder schnell schmaler. Schwachen Verkehr weisen die Nationalstraßen nach NW (El Milia) und NE (Guelma) auf: es handelt sich um kurvenreiche Straßen im

Bergland, die nach Möglichkeit gemieden werden. Auffallend schwach ist auch das Verkehrsaufkommen der Straße Annaba—Souk Ahras—Tébessa—Djebel Onk. Wegen der parallelen Grenze zu Tunesien hat sie ein stark beschnittenes Einzugsgebiet. Außerdem werden die Hauptprodukte dieses Raumes, Eisenerze und Phosphate, ausnahmslos mit der Bahn abtransportiert. Schließlich rollt der Nachschub für die Ölfelder der Sahara über die Häfen Skikda bzw. Algier.

Im Straßenverkehr Tunesiens dominiert eindeutig die küstenparallele Nord-Süd-Achse Bizerte—Tunis—Sousse—Sfax. Sie ist ein Indikator für die starke Konzentration von Bevölkerung und wirtschaftlichen Aktivitäten auf die Küstenzone. Mit 4 000—5 000 Fahrzeugen/Tag weist der Abschnitt der G.P.1 südöstlich von Tunis die höchste Verkehrsfrequenz im gesamten östlichen Maghreb auf. Die Strecke Tunis—Turki (Halbinsel Cap Bon) wird folglich auch zur ersten Autobahn Tunesiens ausgebaut. Demgegenüber sind die Verkehrsspannungen zwischen den Küstenstädten und dem Binnenland relativ gering. Lediglich die von Tunis aus nach Westen in die wichtigen landwirtschaftlichen Anbaugebiete des Medjerdatals führende Straße ist stark befahren. Von diesem Beispiel abgesehen, wird überall das Verkehrsgefälle zwischen Litoralzone und Binnenland überaus deutlich. Diese einseitige Ausrichtung des Straßenverkehrs auf die Küstenzone und besonders auf die Stadt Tunis hat sehr alte historische Wurzeln und reicht weit vor die Kolonialzeit zurück. Seit dem 13. Jahrhundert, seit der Regierung der Hafsidendynastie, hat sich die Stadt Tunis zum politischen, kulturellen und wirtschaftlichen Zentrum des Landes entwickelt, dem sie den Namen gab. Sie übernahm damit wieder die Funktionen, die in der Antike das nur 20 km entfernte Carthago[2] ausgeübt hatte. Die Kolonialzeit und vor allem die Postkolonialzeit haben die überragende Position der Hauptstadt durch eine zentralistische Staatsverfassung und nicht zuletzt durch den Ausbau der Verkehrswege noch verstärkt. Ein größeres Binnenzentrum hat Tunesien, abgesehen von den ersten Jahrhunderten der arabischen Eroberung, als Kairouan der Sitz der Aghlabidendynastie war, nicht besessen. Schon von ihrer Einwohnerzahl her können selbst die größten Binnenstädte Tunesiens — Kairouan (54 500), Gafsa (42 200), Béja (39 200), Le Kef (27 000) — keinerlei Gegengewicht gegen die Agglomeration Tunis mit 970 000 Einwohnern (alle Zahlen für 1975) bilden. Die Vorteile der Küstenstandorte für die Industrialisierung und nicht zuletzt der fast ausschließlich auf einige Küstenstriche fixierte Fremdenverkehr verstärken in jüngster Zeit noch das Übergewicht der Litoralzone. Infolge der Schwäche der Binnenzentren sind die zwischen ihnen bestehenden Querverbindungen im Sinne der phasenhaften Verkehrsentwicklung von Taaffe, Morrill et al. (1970, S. 348—351) recht schwach ausgebildet. Im Gegensatz zum Eisenbahnverkehr lassen sich für den Straßenverkehr keine exakten Aussagen über den Personenverkehr sowie über Quantität und Qualität der beförderten Güter treffen. Das Annuaire Statistique de la Tunisie enthält zwar vom 19. Jahrgang (1969) an eine Rubrik „Trafic routier des voyageurs et des marchandises" (s. *Tab. 3*). In ihr werden aber offensichtlich nur die Ergebnisse der öffentlichen Verkehrsbetriebe wiedergegeben. Der private Straßenverkehr ist nicht zu erfassen (J. M. Miossec & P. Signoles 1976, S. 173, Anmerkung 40) Die Zahlangaben in *Tabelle 3* müssen daher mit Vorbehalt betrachtet werden.

---

[2] Vgl. Afrika-Kartenwerk, N 15, Historische Geographie von D. Hafemann.

Tabelle 3   Die Entwicklung des Straßenverkehrs in Tunesien

	Güterbeförderung (in 1 000 t)	Passagiere im Überlandverkehr (1 000)	Passagiere im Stadtverkehr (1 000)
1967	3 077	19 683	127 600
1968	2 961	21 072	142 868
1969	3 560	23 857	147 028
1970	4 977	27 294	165 444
1971	4 907	27 536	179 826
1972	5 651	30 088	193 467
1973	7 133	31 137	201 998
1974	8 440	31 738	201 365
1975	9 921	34 528	233 996

Quellen: ANNUAIRE STATISTIQUE DE LA TUNISIE 1970—1971, S. 313; — 1972—1973, S. 282; — 1974—1975, S. 256

Der Straßengüterverkehr und der öffentliche Personenverkehr liegt vorwiegend in der Hand von nationalen und regionalen Transportbetrieben. Der Personenverkehr wird vor allem von Linienbussen getragen, welche das Land in einem dichten Netz überziehen. Sowohl in Tunesien wie in Algerien hat der Autobus im Personenverkehr die Eisenbahn längst überrundet. Während die öffentlichen Busse vielfach überaltert sind, dient in Tunesien eine moderne Flotte von privaten Komfortbussen dem Ausflugsverkehr der Touristen. Eine wichtige Rolle spielen in Tunesien auch die 9sitzigen Großtaxen („louages"), die von den großen Städten aus nahezu alle Landesteile befahren. Daneben gewinnt selbstverständlich im gesamten Maghreb auch der private PKW-Verkehr an Bedeutung. Der Kraftfahrzeugbestand je 1 000 Einwohner stieg in Tunesien von 21 (1957) auf 34,7 (1973) an, das Land zählte 1972 insgesamt 171 000 Fahrzeuge aller Kategorien, Traktoren eingeschlossen (R. MEZGHANI 1974, S. 77).

Der Straßengüterverkehr bestreitet vor allem den Stückgutverkehr, den Transport von Agrargütern, Baustoffen und Brennstoffen, während die Bahn im wesentlichen auf gewisse Massengüter beschränkt bleibt.

3   Der Eisenbahnverkehr

Im Unterschied zum Straßennetz stammt das Eisenbahnnetz der Maghrebländer fast ausschließlich aus der Kolonialzeit. Das Netz ist für afrikanische Verhältnisse relativ alt, die Strecken wurden größtenteils bereits vor 1914 erbaut. Die verschiedenen Linien wurden niemals nach einem einheitlichen Netzentwurf, sondern abschnittsweise, aufgrund von lokalen wirtschaftlichen oder militärischen Erfordernissen, angelegt. Jahrzehntelang wurden sowohl das rollende Material wie der Unterhalt der Strecken vernachlässigt. Kostspielige Investitionen sind daher notwendig, sollen die Eisenbahnen die ihnen zugedachte Rolle in der Regionalentwicklung der Maghrebstaaten spielen.

3.1 Das Streckennetz

Die ersten algerischen Bahnlinien wurden noch während des 2. Kaiserreiches erbaut. Es handelte sich anfangs um Stichlinien, die von den Haupthäfen aus ins Binnenland führten. Die älteste Bahnlinie Ostalgeriens wurde 1865 vom Hafen Annaba zur Eisenerzgrube Ain Mokra (32 km) angelegt (s. *Fig. 7*); sie diente anfangs nur dem Abtransport der Erze und ist heute in der Linie Annaba—Constantine enthalten. Von großer Bedeutung für die Penetration Ostalgeriens war die 1870 eröffnete Stichlinie Skikda (damals Philippeville) — Constantine (87 km). Damit erhielt das überragende Binnenzentrum Ostalgeriens eine

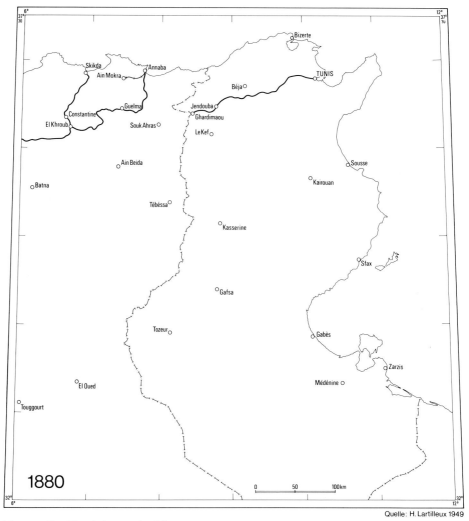

Quelle: H. Lartilleux 1949

Figur 7   Das Eisenbahnnetz im Jahre 1880.

leistungsfähige Verbindung zu einem modernen Seehafen; der präkoloniale Handelshafen Constantines, das Städtchen Collo (s. *Fig. 18*), sank zur Bedeutungslosigkeit ab. Die Stichlinie wurde bereits 1881 bis Batna und 1888 bis zur Oase Biskra — und damit bis zum Saharand — verlängert. Erst 1922 wurde mit der Oase Touggourt der bisherige Endpunkt der Strecke erreicht (H. LARTILLEUX 1949, S. 16). Die zweite „Penetrationsstrecke" Ostalgeriens führte von Annaba nach Guelma (1877) und von dort weiter zur Station El Khroub auf der Strecke Constantine—Batna (1879). Eine Abzweigung von der Linie Annaba—Guelma erreichte 1880 Souk Ahras und 1888 Tébessa.

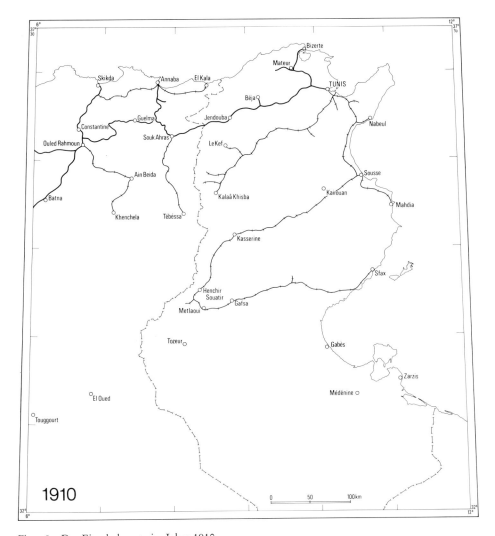

Figur 8   Das Eisenbahnnetz im Jahre 1910.
Quelle: H. LARTILLEUX 1949, S. 12—13.

Erst relativ spät wurden die ostalgerischen Stichlinien mit den westalgerischen Strecken verbunden, als 1886 die Verbindung Constantine—Sétif—Algier (453 km) durchgängig befahrbar war. Da bereits 1884 die Linie Souk Ahras—Tunis den Betrieb aufgenommen hatte, stand nun eine Bahnverbindung Tunis—Constantine—Algier—Oran zur Verfügung. Sie wurde nach der Okkupation Marokkos bis Casablanca und Marrakesch als 2 000 km lange West-Ost-Verbindung für das damalige französische Nordafrika verlängert, ohne aber jemals größere verkehrsgeographische Bedeutung zu erlangen.

Das algerische Eisenbahnnetz hatte 1880 einen Umfang von 1 150 km erreicht (H. LARTILLEUX 1949, S. 14), bis 1914 wuchs es auf 3 300 km an; auch nach dem Ersten

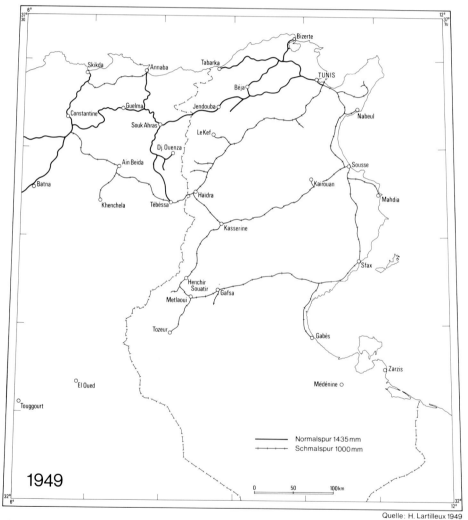

Quelle: H. Lartilleux 1949

Figur 9   Das Eisenbahnnetz im Jahre 1949.

Weltkrieg wurde der Ausbau zunächst noch zügig fortgesetzt, so daß das Netz 1931 mit 4 890 km seine maximale Ausdehnung erreichte (A. ARNOLD 1973, S. 67). Dann machte sich aber die Konkurrenz des Kraftwagens so stark bemerkbar, daß von 1937 an eine Reihe von unrentablen Nebenstrecken stillgelegt wurden (vergl. *Fig. 9* und *10*). Bis zum Jahr 1975 war das Netz um ein Fünftel auf 3 918 km geschrumpft (ANNUAIRE STATISTIQUE DE L'ALGÉRIE 1976, S. 263). Betroffen waren hauptsächlich die zahlreichen Schmalspurlinien in Westalgerien. In Ostalgerien ruht seit 1958 der Verkehr auf der Strecke Guelma— El Khroub, nachdem mehrere Brücken durch ein Hochwasser zerstört worden waren. Von überörtlicher Bedeutung war auch die Stillegung der Strecke Ain Beida—Tébessa—

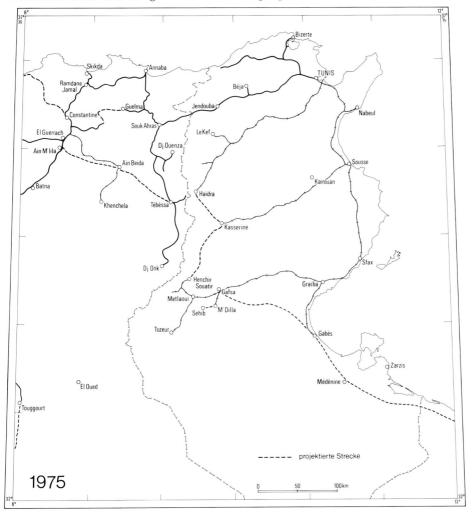

Figur 10   Das Eisenbahnnetz im Jahre 1975.
Quelle: Eigene Erhebungen.

Kalaâ Khisba (1962), welche das südostalgerische mit dem tunesischen Schmalspurnetz verbunden hatte. Den Stillegungen steht im Kartenbereich nur der Neubau der Linie Tébessa—Djebel Onk (1962—1965) gegenüber, welche der Erschließung der Phosphatlagerstätte am Djebel Onk diente.

In Tunesien begann der Eisenbahnbau später als in Algerien, dafür wurde das heutige Netz zügig zwischen 1880 und 1914 errichtet (s. *Fig. 8*). Die ersten Bahnkonzessionen erteilte die tunesische Regierung kurz vor Errichtung des französischen Protektorats im Jahre 1876 an eine italienische Gesellschaft für die heute noch bestehende Vorortbahn Tunis—La Goulette—La Marsa sowie an eine französische Gesellschaft für die bereits erwähnte Strecke Tunis—Ghardimaou—Souk Ahras, welche 1884 den Anschluß an das algerische Normalspurnetz herstellte. Ein umfangreiches Bahnbauprogramm wurde ab 1892 durchgeführt. Als erste Strecke wurde 1894 die Verbindung Tunis—Bizerte eröffnet. Sie wurde primär aus strategischen Gründen gebaut, begann doch zu jener Zeit der Ausbau des Kriegshafens Bizerte. Im Jahre 1896 folgte die Linie Tunis—Sousse sowie die Eröffnung von kleineren Stichlinien im weiteren Hinterland von Tunis, die primär die Bedürfnisse der Agrarkolonisation befriedigten. Ab 1896 ist dagegen der Eisenbahnbau eng mit der Erschließung der inzwischen entdeckten Bodenschätze verbunden (E. GUERNIER 1948, S. 340). In den folgenden Jahren entstanden, ausgehend von den Haupthäfen, vier Stichlinien ins Hinterland (s. *Fig. 8*):

— (Bizerte)—Mateur—Tabarka (1906—1922). Diese Linie sollte dem Hafen Bizerte ein Hinterland erschließen, damit die Kohlendampfer der Bunkerstation mit Rückfracht (Eisenerze, Kork) beladen werden konnten. Wegen des Ersten Weltkrieges verzögerte sich die Fertigstellung bis zum Jahre 1922.

— Tunis—Kalaâ Khisba, mit mehreren Abzweigungen (1902—1906). Diese Linie dient bis zum heutigen Tag primär dem Abtransport der Phosphate von Kalaâ Khisba (früher Kalaâ Djerda genannt) und der Eisenerze von Djebel Djerissa sowie der Getreideernten im Gebiet des Oued Miliana.

— Sousse—Kasserine—Henchir Souatir. Bereits um 1890 hatte das französische Militär eine Pferdebahn von Sousse nach Kairouan angelegt (R. FITZNER 1895, S. 204). Nach der Entdeckung der südtunesischen Phosphatlagerstätten wurde in kurzer Zeit (1905—1909) die 288 km lange Strecke durch die Steppe getrieben, die damals noch kaum feste Siedlungen kannte. Ein Nebenzweck war der Abtransport von Halfagrasernten.

— Sfax—Gafsa—Metlaoui. Von der „Compagnie des Phosphates de Gafsa" wurde diese 243 km lange Strecke zur Inwertsetzung der 1885 entdeckten südtunesischen Phosphatlagerstätten zwischen 1897 und 1899 in nur 18 Monaten erbaut (H. LARTILLEUX 1949, S. 92). Von der Hauptstrecke zweigen mehrere Stichstrecken zu den verschiedenen Phosphatbergwerken und zur Oase Tozeur (1913) ab.

Erst relativ spät (1912) wurde mit der Fertigstellung der Strecke Sousse—Sfax die Lücke zwischen den nord- und südtunesischen Strecken geschlossen. Diese Hauptstrecken, die zu Beginn des Ersten Weltkrieges im wesentlichen fertiggestellt waren, erhielten später nur noch geringfügige Ergänzungen. Aus rein strategischen Erwägungen wurde 1916 eine 81 km lange Stichbahn zur Grenzgarnison Gabès erbaut. Ebenfalls auf militärische Anforderungen während des Zweiten Weltkrieges ging die Verbindung der tunesischen und südostalgerischen Schmalspurnetze Kasserine—Haidra—Tébessa zurück. Ähn-

lich wie in Algerien ist auch in Tunesien das Streckennetz wegen der überlegenen Konkurrenz des Kraftfahrzeugs und wegen des Wegfalls von Militärtransporten seit seiner
maximalen Ausdehnung um 1940 stark geschrumpft (s. *Tab. 4* und *Fig. 10*).

Tabelle 4   Die Entwicklung des tunesischen Schienennetzes

Jahr	km	Jahr	km
1881	191	1945	2 148
1902	650	1954	2 022
1914	1 479	1961	2 006
1932	1 610	1975	1 830

Quellen: E. GUERNIER 1948, S. 343; — J. LEPIDI 1955, S. 64; — ANNUAIRE STATISTIQUE DE LA TUNI-
SIE 1963, S. 108, 111; — 1974—1975, S. 265, 270

Neben einer Anzahl von kurzen Stichlinien wurden auch wichtige Querverbindungen
im Binnenland stillgelegt. Der Betrieb auf der Strecke Tébessa—Kasserine wurde, wie
bereits erwähnt, 1962 eingestellt. Die Strecke Kasserine—Henchir Souatir erlitt während
der Hochwasserkatastrophe 1969 starke Schäden und wurde bisher noch nicht repariert.
Zu Beginn der siebziger Jahre wurde der Verkehr auf der Normalspurlinie Béja—Mateur
eingestellt.
Die Erbauer und Betreiber der Eisenbahnen im Maghreb waren — wie in Frankreich —
Privatgesellschaften gewesen, die miteinander konkurrierten. Im Jahre 1880 teilten sich
6 Gesellschaften in das damalige algerische Netz von 1 150 km (H. LARTILLEUX 1949,
S. 14). Erst 1933 wurden sie zu einer Verwaltungseinheit zusammengefaßt und 1938 end-
gültig verstaatlicht. Im Jahre 1969 übernahm der algerische Staat die letzten Anteile seiner
Staatsbahn von den französischen Eisenbahnen.
In Tunesien operierten 2 private Eisenbahngesellschaften. Während das Netz der
„Compagnie Bône—Guelma", welche die Linien nördlich von Sfax und Henchir Souatir
betrieb, bereits 1922 vom tunesischen Staat übernommen wurde, blieb das Südnetz
(455 km) der „Compagnie des Phosphates et du Chemin de Fer de Gafsa" bis zum Ablau-
fen der Konzession 1967 selbständig. Seitdem wurde es der Staatsbahn SNCFT eingeglie-
dert. Als Folge der Rivalitäten der Privatgesellschaften ist nicht nur die Linienführung
wenig koordiniert, sondern die Netze setzen sich aus sehr heterogenen Teilstücken
zusammen. Das algerische Netz besteht noch heute aus Strecken mit 3 verschiedenen
Spurweiten:
— 2 657 km Normalspur (1 435 mm)
— 1 116 km Schmalspur (1 055 mm; nur in West- und Mittelalgerien)
— 146 km Schmalspur (1 000 mm; Ostalgerien)
Im ostalgerischen Anteil der Karte N 13 ist das einst sehr ausgedehnte 1 000-mm-Netz
entweder stillgelegt oder auf Normalspur umgestellt; einen letzten Rest bildet die Strecke
Ouled Rahmoun—Ain Beida—Khenchela (146 km), die nur deshalb noch betrieben wird,
weil sie als Teilstück einer geplanten Querverbindung Tébessa—Batna vorgesehen ist.

Figur 11   Anlage zum Drehgestellwechsel der Eisenbahnwaggons zwischen Schmal- und Normalspur im Bahnhof Mohammedia (Algerien). Mit Hilfe des Portalkrans werden die Waggons auf die
Drehgestelle der jeweils anderen Spurweite umgesetzt. Im Vordergrund links Schmalspur-Drehge-
stelle. 27. 2. 1972

Die tunesischen Strecken zerfallen in ein Normalspurnetz von 432 km nordwestlich
von Tunis und in ein 1 000-mm-Schmalspurnetz (1975: 1 398 km) südlich der Hauptstadt.
Die verschiedenen Spurweiten bedingen den unwirtschaftlichen Unterhalt von unterschiedlichen Fahrzeugparks. Zwar ermöglicht ein Drehgestellwechsel den Übergang der
Waggons von einer Spurweite in die andere (s. *Fig. 11*), doch sind nur relativ wenige derartige Wechselwaggons vorhanden. In Tunesien hat das rollende Material der ehemaligen
„Compagnie Sfax—Gafsa" ein anderes Brems- und Kupplungssystem als das der Staatsbahn, so daß selbst im Schmalspurnetz nur ein geringer Teil des Fahrzeugparks ungehin-
dert zirkulieren kann (A. FARZA 1972, S. 77). Auch der Oberbau ist hinsichtlich Achslast
und Höchstgeschwindigkeit sehr heterogen, z. T. läuft der Verkehr noch auf den Ende
des vorigen Jahrhunderts verlegten Schienen. Wenn man von der Vorortbahn Tunis—
La Marsa absieht, ist im Bereich der Karte N 13 lediglich die ostalgerische „ligne minière"
Annaba—Tébessa elektrifiziert. Seit den zwanziger Jahren wurde die Bahn zugunsten des
Straßenbaus vernachlässigt, sowohl die Strecken wie der Fahrzeugpark sind stark überaltert, der Wagenpark der tunesischen Staatsbahn ist 40—70 Jahre alt, so daß die Reisegeschwindigkeit der Züge sehr niedrig ist. Nach J. M. MIOSSEC & P. SIGNOLES (1976, S. 181)

erhöhte sich sogar die Reisezeit von Tunis nach Sfax (278 km) von 3 h 55 Min. (1938) auf 4 h 55 Min. (1973). Für die 204 km lange Strecke Sfax—Gafsa benötigt der schnellste Triebwagen 5 h 33 Min.!

Aus der kolonialzeitlichen Baugeschichte der Eisenbahnlinien resultiert ihre unbefriedigende Funktion für die verkehrsgeographische Erschließung des Raumes. Sowohl in Algerien als auch in Tunesien ist es zu einer echten Netzbildung nie gekommen, die Stichlinien dominieren. Die Konfiguration des algerischen Netzes basiert auf der West-Ost-Magistrale (Marokko)—Oran—Algier—Constantine—Annaba, von der 4 Stichlinien bis zum Sahararand nach Süden vorstoßen (s. *Fig. 12*). Zwei dieser Penetrationslinien mit den Endpunkten Touggourt und Djebel Onk sind auf der Karte N 13 enthalten. Das tunesische „Netz" ist dem algerischen in seiner Konfiguration sehr ähnlich. Es setzt sich im Grunde aus 5 Stichlinien zusammen, die von den Haupthäfen Bizerte, Tunis (2), Sousse und Sfax ins Hinterland führen. Durch die küstenparallele Nord-Süd-Linie Bizerte—Tunis—Sfax werden die 5 Linien miteinander verknüpft, so daß die Figur eines Rechens mit 5 (in Algerien 4) Zinken entsteht. Die algerischen und tunesischen Netze sind heute nur noch an einer Stelle, im Medjerdatal, miteinander verknüpft. Zur Ausbildung von Querverbindungen zwischen den einzelnen Stichlinien ist es entweder nie gekommen oder sie wurden nach 1945 wieder stillgelegt. Ein nicht unwesentlicher Unterschied zwischen dem algerischen und tunesischen Eisenbahnnetz besteht in der Anbindung der Städte. Während die älteren algerischen Strecken die großen Städte miteinander verbinden, nahm das jüngere tunesische Netz oft keine Rücksicht auf das vorhandene vorkoloniale Städtenetz. Manche Städte wurden nur durch Stichlinien angeschlossen (Béja, Le Kef, Kairouan, Nabeul), bei anderen liegt der Bahnhof kilometerweit vom Stadtzentrum entfernt (Gafsa). Die Hauptfunktion der tunesischen Strecken war eben der Abtransport montaner und agrarischer Exportgüter zum nächsten Hafen und nicht die flächenhafte Verkehrserschließung des Binnenraumes. Da Querverbindungen fehlen, verbindet die Bahn die Städte des Binnenlandes untereinander nur bei Inkaufnahme riesiger Umwege über die Küstenstrecke. Die Gesichtspunkte einer autozentrierten Landesentwicklung spielten eben beim Bahnbau eine untergeordnete Rolle, die Merkmale der extravertierten Kolonialwirtschaft werden beim tunesischen Netz noch stärker sichtbar als beim algerischen.

Nach jahrzehntelanger Vernachlässigung fließen den beiden Eisenbahnen seit den siebziger Jahren erstmals wieder größere Investitionsmittel zu. Die Investitionen der algerischen Staatsbahn stiegen von 5,7 Mio. DA (1969) auf 6,2 Mio. (1970), 61,3 Mio. (1971), 76,4 Mio. (1972), 143,3 Mio. (1973) und 267,9 Mio. DA (1974) (INDUSTRIES ET TRAVAUX D'OUTRE-MER 1975, S. 940). Sie wurden zunächst auf die Modernisierung des Fahrzeugparks und auf den Bau von kurzen Anschlußgleisen für die neuen Industriebetriebe konzentriert. Zwischen 1970 und 1975 importierte Algerien unter anderem 69 dieselelektrische Güterzuglokomotiven zu je 3 300 PS, 25 Reisezuglokomotiven zu je 2 500 PS, 32 Elektrolokomotiven zu 2 800 PS für die „ligne minière", 33 Dieseltriebwagen für den Nahverkehr und 20 Rangierloks. Für den Zeitraum 1971—1977 wurden 300 Personenwagen und 6 200 Güterwaggons in Auftrag gegeben, die teils aus dem Ausland, teils von der einzigen Waggonfabrik Allelick bei Annaba bezogen wurden. Trotzdem ist die algerische Staatsbahn SNTF nicht immer in der Lage, die Nachfrage nach Transportraum zu decken.

In Tunesien wurde während des Vierjahresplanes 1973—1976 mit der Erneuerung des teilweise noch aus dem vorigen Jahrhundert stammenden Oberbaus der Hauptstrecken und mit der Modernisierung des Fahrzeugparks begonnen. Dafür stehen allerdings wesentlich bescheidenere Mittel als in Algerien zur Verfügung. Nach einem halben Jahrhundert der Stagnation, ja der Regression des Streckennetzes, ist in naher Zukunft in beiden Maghrebländern wieder mit dem Bau neuer Eisenbahnlinien zu rechnen. Die demographische Entwicklung — Bevölkerungsanstieg und Verstädterung — sowie die forcierte Industrialisierung machen den Bau neuer Strecken notwendig. 1979 wurde mit dem Bau eines zweiten Gleises auf der Strecke El Guerrah—Constantine—Skikda begonnen (s. *Fig. 10*). Dieses Teilstück führt überwiegend durch das Bergland des Küstentell und weist sehr schwierige Reliefverhältnisse auf. Die bisherige eingleisige Strecke ist in absehbarer Zeit nicht mehr in der Lage, den von den Entwicklungspolen Skikda (Erdölraffinerie, Petrochemie) und Annaba (Eisenhüttenwerk, Phosphatdüngerfabrik) ausgehenden Verkehr zu bewältigen. Die geplante Ansiedlung eines Stahlwerkes in Jijel (A. ARNOLD 1978, S. 432) wird den Bau einer Linie Constantine—Jijel erfordern. Seit langem ist als Entlastungsstrecke für die „ligne minière" eine Querverbindung Tébessa—Ain Beida—Ain M'lila vorgesehen (s. *Fig. 10* und *12*). Diese Linie wird vor allem dann als Ausweichstrecke benötigt, wenn die bisherige „ligne minière", die im Küstentell durch rutschungsgefährdetes Gelände führt, unterbrochen ist, was nach Starkregen oft wochenlang der Fall ist. Sehr viel ungewisser sind dagegen die Erwägungen, aus regionalpolitischen Gründen eine zweite West-Ost-Verbindung im algerischen Binnenland zu errichten. Sie könnte entweder am Südrand des Steppenhochlandes, etwa auf der Linie Tébessa—Batna—M'Sila— Tiaret—Sidi-bel-Abbes (s. *Fig.12*) oder — sehr viel unwahrscheinlicher — in der nördlichen Sahara zwischen Touggourt—Hassi Messaoud—Ouargla—Ghardaia verlaufen. Eine derartige zweite West-Ost-Verbindung würde die aus der Kolonialzeit stammenden „Penetrationslinien" miteinander verbinden und sie ihres Stichbahnencharakters entkleiden. Dieses Milliardenprojekt wird ausdrücklich als Mittel der Regionalentwicklung bezeichnet, welches der Konzentration von Bevölkerung und wirtschaftlichen Aktivitäten in der Litoralzone begegnen soll (INDUSTRIES ET TRAVAUX D'OUTRE-MER 1975, S. 941).

Wesentlich bescheidener sind die Ausbaupläne Tunesiens. Wurden im Vierjahresplan 1973—1976 45,2 Mio. DT für Investitionen der SNCFT ausgegeben (INDUSTRIES ET TRAVAUX D'OUTRE-MER 1979a, S. 147), so ist im laufenden Plan 1977—1981 eine Summe von 95,4 Mio. DT reserviert (AFRIQUE TRANSPORT 1978, S. 47). Auch in Tunesien sind diese Investitionen vor allem für die Erneuerung von Schienennetz, Telekommunikation und Fahrzeugpark vorgesehen. Seit den sechziger Jahren ist der Neubau einer 129 km langen Direktverbindung Gafsa—Gabès geplant, doch scheiterte die Durchführung bisher an Finanzierungsschwierigkeiten. Diese Linie wäre notwendig, um einerseits die phosphatverarbeitende Industrie von Gabès mit Rohphosphat zu versorgen und andererseits den Hafen Gabès besser auszulasten. Tunesien strebt eine Steigerung seiner Phosphatförderung auf 7 Mio. t an; mit dieser Menge wäre sowohl die alte Bahnstrecke Gafsa—Sfax wie auch der Hafen von Sfax überfordert. Durch die Direktverbindung Gafsa—Gabès würde der weite Umweg über Graiba vermieden.

Eher aus politischen als aus wirtschaftlichen Erwägungen ist ein Plan entstanden, die Bahnstrecke von Gabès bis zur libyschen Hauptstadt Tripolis zu verlängern und gleichzei-

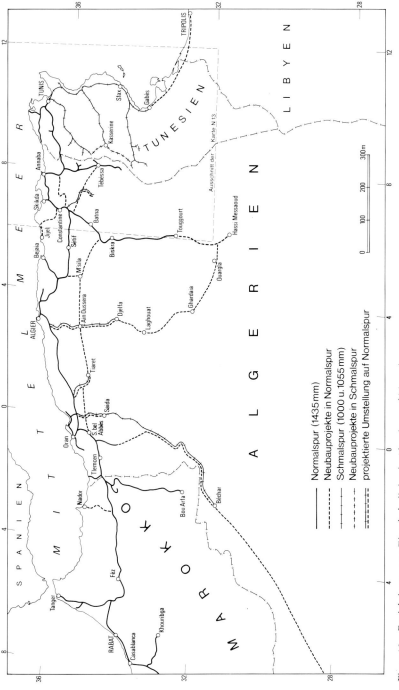

Figur 12 Projektierte neue Eisenbahnlinien in Algerien und Tunesien.
Quellen: INDUSTRIES ET TRAVAUX D'OUTRE-MER 1975 und 1979.

tig die Strecke Tunis—Gabès auf Normalspur umzurüsten. Die Kosten von 318 Mio. DT
(STB, INFORMATIONS ÉCONOMIQUES N° 168, 1978, S. 9) könnten wohl nur von Libyen auf-
gebracht werden. Realistischer sind dagegen Pläne, die seit langem unterbrochenen Verbindungen Kasserine—Henchir Souatir und Haidra—Kasserine wieder herzustellen
(AFRIQUE TRANSPORT 1978, S. 53). Damit würden einmal die Endpunkte der 3 großen
Schmalspurlinien miteinander verbunden, zum anderen erhielte die seit 1976 in der Nähe
von Djerissa im Bau befindliche Zementfabrik (Kapazität: 1,2 Mio. t/Jahr) einen Absatz-
weg nach Mittel- und Südtunesien. Es bleibt abzuwarten, ob diese Vorhaben realisiert
werden. Bisher sind die Pläne Tunesiens für Neubaustrecken noch immer an der Finanzierung gescheitert.

3.2 Die Struktur des Eisenbahnverkehrs

Die jahrzehntelange Vernachlässigung der technischen Einrichtungen der Eisenbahnen im
östlichen Maghreb hat dazu geführt, daß ihre Transportleistung mit der demographischen
und wirtschaftlichen Entwicklung dieser Länder bisher nicht Schritt halten konnte. Im
Güterverkehr beförderten die Bahnen um 1975 ein Volumen, das größenordnungsmäßig
— allerdings auf einem wesentlich ausgedehnteren Netz — bereits um 1930 erreicht worden war. Im Personenverkehr haben die algerischen Bahnen bis heute noch nicht die Passagierzahlen von 1936 erreicht (s. *Tab. 5*); der Anstieg des Reiseverkehrs der tunesischen
Bahnen wird vor allem vom Vorortverkehr von Tunis bewirkt (s. *Tab. 6*)[3].

Tabelle 5   Die Entwicklung des algerischen Eisenbahnverkehrs

	Güterverkehr		Personenverkehr	
	Menge	Tonnen-kilometer	Personen	Personen-kilometer
	(Mio. t)	(Mio.)	(Mio.)	(Mio.)
1913	5,00	?	6,27	?
1929	7,02	?	10,09	?
1936	5,56	?	11,59	?
1950	7,49	1 198	10,52	823
1962	4,63	998	3,58	439
1966	3,30	681	5,56	682
1968	5,31	1 232	6,83	858
1970	6,17	1 380	7,75	1 013
1971	6,03	1 335	7,89	1 097
1974	8,02	1 905	7,93	1 058
1975	7,18	1 742	8,69	1 129

Quellen: W. PASCHEN 1941, S. 1038—1039; — STATISTISCHES BUNDESAMT, 1975, S. 110; — AN-
NUAIRE STATISTIQUE DE L'ALGÉRIE 1970, S. 176—177; — 1972, S. 152; — 1976, S. 264

[3] In den folgenden Ausführungen wird die Vorortbahn Tunis—La Goulette—La Marsa nicht
berücksichtigt. Diese 19,4 km lange Strecke, die in den letzten Jahren von Grund auf modernisiert
wurde, untersteht nicht der Bahnverwaltung, sondern der Société Nationale de Transports
(SNT). Sie dient damit ausschließlich dem Personenverkehr und beförderte 1975 18,1 Mio. Passagiere (ANNUAIRE STATISTIQUE DE LA TUNISIE 1974—1975, S. 272).

Tabelle 6   Die Entwicklung des Eisenbahnverkehrs in Tunesien

	Güterverkehr		Personenverkehr	
	Menge	Tonnen-kilometer	Personen	Personen-kilometer
	(Mio. t)	(Mio.)	(Mio.)	(Mio.)
1913	3,478	425	2,442	110
1929	5,250	?	4,073	267
1962	5,000	966	11,616	409
1964	5,965	1 127	13,471	461
1966	5,970	1 309	15,248	520
1967	7,652[a]	1 194	12,789	409
1968	7,121	1 325	13,355	437
1969	4,962[b]	1 093[b]	14,349	439
1970	7,099	1 327	14,694	443
1971	7,570	1 372	15,654	470
1972	7,493	1 442	16,569	506
1973	6,843	1 392	17,987	526
1974	7,368	1 481	18,784	534
1975	6,590	1 283	20,035	589

[a]   Ab 1967 werden auch die Phosphattransporte zwischen den einzelnen Werken erfaßt. Dadurch ergeben sich Mehrfachzählungen, welche die Transportmenge um 1—1,5 Mio. t erhöhen.

[b]   Auswirkungen der Hochwasserkatastrophe im Herbst 1969

Quellen: PROTECTORAT FRANÇAIS 1932, S. 111; — ANNUAIRE STATISTIQUE DE LA TUNISIE 1963, S. 108, 111; — 1967, S. 128, 131; — 1972—1973, S. 290, 294; — 1974—1975, S. 265, 270

Im Güterverkehr dominieren in beiden Maghrebstaaten einige wenige Güter. Auf die Bergbauprodukte entfallen fast 60 % des gesamten Frachtaufkommens der algerischen Bahnen, die in *Tabelle 7* aufgeführten 6 Gütergruppen bestreiten zusammen 85 % des Güterverkehrs. Der immer noch geringe Differenzierungsgrad der algerischen Wirtschaft wird aus dieser Aufstellung sichtbar.

Tabelle 7   Aufgliederung des Güterverkehrs der algerischen Staatsbahn SNCFA 1974

Gesamtes Frachtaufkommen	8 017 691 t	100 %
davon Erze	3 521 423 t	43,9 %
Phosphate, chemische Produkte	1 198 267 t	14,9 %
Metallwaren	745 070 t	9,3 %
Brennstoffe, Bitumen	662 810 t	8,3 %
Zement, Kalk, Gips	422 548 t	5,3 %
Getreide, Früchte	280 064 t	3,5 %

Quelle: ANNUAIRE STATISTIQUE DE L'ALGÉRIE 1976, S. 266

Für die tunesische Staatsbahn SNCFT läßt sich keine exakte Aufgliederung des Güterverkehrs wiedergeben, da sie lediglich für das nördliche Netz, nicht aber für das Netz der ehemaligen „Compagnie Sfax—Gafsa" eine detaillierte Statistik der beförderten Güter veröffentlicht. Außerdem führt die Erhebungsmethode der tunesischen Bahn zu Mehrfachzählungen (s. die Anmerkung [a] zu *Tab. 6*), was zur Folge hat, daß die beförderte Menge von Phosphaten und Eisenerzen alljährlich die in den Bergwerken geförderte Menge nicht unerheblich übertrifft. Man kann aber davon ausgehen, daß rund die Hälfte des Gütervolumens allein auf Phosphate entfällt. Zusammen mit den Massengütern Eisenerz, Getreide (1974: 433 500 t), Mehl (150 900 t), Zement (333 400 t) und Düngemittel (102 900 t) stellen sie, ähnlich wie in Algerien, etwa 70—80 % des Transportaufkommens.

Ein recht differenziertes Bild bieten auch die Verkehrsströme der Karte N 13. Im Güterverkehr dominieren nach wie vor die Transporte von Bergbauprodukten aus dem Landesinneren zu den Küstenstädten. Im Unterschied zur Kolonialzeit wird aber heute nicht mehr nahezu die gesamte Förderung im Rohzustand exportiert, sondern doch schon ein erheblicher Teil der Phosphate und Eisenerze von der jungen, küstenständigen Grundstoffindustrie verarbeitet.

Im algerischen Blattanteil dominiert die „ligne minière", über welche die Phosphate von Djebel Onk sowie vor allem die ostalgerischen Eisenerze von Ouenza und Bou Khadra nach Annaba, dem Exporthafen und Industriestandort, transportiert werden. Die Förderung im neuen Phosphatbergwerk Djebel Onk begann 1966, erreichte 1969 eine Menge von 350 000 t (Stand der Karte N 13) und stieg bis 1974 auf 800 000 t an. Die Nebenstrecke Tébessa—Djebel Onk hat damit eine rentable Auslastung erreicht. Die östlich von Tébessa an der tunesischen Grenze gelegenen Bergwerke Khanguet el Mouhad (ca. 100 000 t Eisenerz/Jahr) und Kouif (60 000 t Phosphate/Jahr) liefern weitere Transportgüter. Der Eisenerztransport von den beiden Bergwerken Djebel Ouenza und Bou Khadra ist immer noch stark von der Weltstahlkonjunktur abhängig und damit starken Schwankungen unterworfen. Die Karte N 13 gibt für das Jahr 1969 eine Transportmenge von 3 Mio. t wieder. Bis 1974 konnte die Förderung auf 3,6 Mio. t gesteigert werden, sie fiel jedoch 1976 infolge der weltweiten Rezession der Stahlindustrie wieder auf 2,6 Mio. t zurück. Im Jahre 1976 wurden von der algerischen Gesamtförderung von 2,789 Mio. t bereits etwa 800 000 t im Stahlwerk Annaba verhüttet, während noch 1,780 Mio. t in den Export gingen (L'ALGÉRIE EN QUELQUES CHIFFRES 1977, S. 11). Die Transportleistung der zwischen Tébessa und Annaba elektrifizierten „ligne minière" schwankt zwischen 3 und 4,5 Mio. t im Jahr. Somit bewältigt diese Strecke auch heute noch über die Hälfte des gesamten Güteraufkommens der algerischen Eisenbahnen. Eine völlig andere Funktion hat die zweite Penetrationslinie Ostalgeriens, die Linie Skikda—Constantine—Batna—Touggourt. Ihr südlicher Teil El Guerrah—Batna—Biskra—Touggourt war ursprünglich primär aus strategischen Erwägungen erbaut worden, der Abschnitt Biskra (außerhalb des Kartenblattes N 13) — Touggourt wurde aus Kostengründen in Schmalspur angelegt. Seit den fünfziger Jahren erwuchs der Linie eine neue Funktion als Nachschubstrecke für die Erdöl- und Erdgasfelder in der östlichen Sahara, ist doch der Endpunkt Touggourt nur noch 170 km vom Erdölzentrum Hassi Messaoud entfernt. Noch in der ausklingenden Kolonialzeit wurde die gesamte Strecke auf Normalspur umgerüstet. Sie dient vor allem dem Transport von schweren Ausrüstungsgütern, wie etwa Röhren. Der Verkehrsanfall ist freilich recht unregelmäßig und stark von den jeweiligen Ausbauarbeiten in den Öl- und Gasfeldern abhängig.

Die algerische West-Ost-Linie war in ihrem ostalgerischen Abschnitt Sétif—Constantine—Annaba bis vor kurzen vor allem für den Personenverkehr bedeutsam. Auf der Strecke Algier—Constantine stellt die SNTF täglich 1 730, auf der von Constantine nach Annaba 860 Sitzplätze bereit. Die Strecke Sétif—Constantine befuhren 1969 täglich 3 Reisezugpaare, aber nur ein Güterzugpaar (A. ARNOLD 1973, S. 71). Der relativ geringe Güterfluß in West-Ost-Richtung ist ein Relikt der Kolonialwirtschaft, hatten doch die 3 großen Regionen Algeriens, das Oranais, das Algérois und das Constantinois untereinander einen relativ geringeren Güteraustausch als mit Marseille (J. DESPOIS 1958, S. 476). Für die geringe Verkehrsspannung in West-Ost-Richtung spricht, daß die Teilstrecke Annaba—Ramdane Jamal erst in den fünfziger Jahren von Schmalspur auf Normalspur umgestellt wurde und die alte West-Ost-Verbindung Guelma—El Khroub nach ihrer Zerstörung 1958 nicht wieder aufgebaut wurde. Die Karte N 13 gibt mit dem Stichjahr 1969 die schwachen Verkehrsströme in West-Ost-Richtung wieder. Aus ihr läßt sich auch die geringe Bedeutung des grenzüberschreitenden Verkehrs zwischen Algerien und Tunesien ablesen. Lediglich ein einziges Zugpaar, das aus Güter- und Personenwagen zusammengesetzt ist, quert täglich die Grenze; im Jahre 1969 passierten nur 1 367 Güterwaggons und 1 838 Personenwagen die Grenzstationen. Bis heute gibt es auch noch keinen durchgehenden Zug Algier—Tunis, obwohl seit den sechziger Jahren von den Bahnverwaltungen der drei Maghrebstaaten Pläne für einen Transmaghrebexpreß diskutiert werden. Die im *Kapitel 2.2* angesprochene geringe Bedeutung des Handels der Maghrebstaaten untereinander wird auch beim Eisenbahnverkehr sichtbar.

In den letzten Jahren wurden im Städtedreieck Constantine—Skikda—Annaba mehrere industrielle Großbetriebe angesiedelt, welche in wenigen Jahren die Struktur der Verkehrsströme verändern und besonders den Ost-West-Verkehr der Eisenbahn vervielfachen werden; Voraussetzung ist freilich, daß die hochgesteckten Produktionsziele auch einigermaßen erfüllt werden. Besonders die küstenständigen Grundstoffindustrien von Skikda und Annaba sind für den Absatz ihrer Massenprodukte zwangsläufig auf die Küstenschiffahrt und die Eisenbahn angewiesen. Das Hüttenwerk El Hadjar bei Annaba hat derzeit (1979) einen jährlichen Ausstoß von ca. 400 000 t Stahlwaren, er soll ab etwa 1982 auf 2 Mio. t erhöht werden. Die algerische Staatsbahn SNCFA konnte den Transport von Stahl- und Eisenwaren von 437 000 t (1969) auf 745 000 t (1974) steigern (s. *Tab. 7*). Die Kunstdüngerfabrik von Annaba hat bereits in ihrer ersten, 1972 erreichten Ausbaustufe, eine Kapazität von 550 000 t/Jahr; die Produktion ist überwiegend für den Binnenmarkt bestimmt. Ansehnliche Güterströme werden aus der Raffinerie (Kapazität: 15 Mio. t; Produktionsbeginn für 1980 vorgesehen) und den petrochemischen Werken von Skikda fließen, wenn sie in den achtziger Jahren ihre Produktion voll aufnehmen. Die Voraussetzung, daß auch nur ein Teil dieser Produkte von der Eisenbahn transportiert werden können, sind freilich erhebliche Investitionen. Der Bau eines zweiten Gleises für den Abschnitt El Guerrah—Skikda (s. *Kap. 3*) ist nur ein erster Schritt.

Von den 5 tunesischen Penetrationslinien weisen nur 2 ein nennenswertes Transportaufkommen auf.

Die Hauptfunktion der Linie Bizerte—Mateur—Tabarka ist der Abtransport der Eisenerze von Tamera—Douaria (1966: 190 000 t; 1973: 85 000 t), die früher über Bizerte verschifft wurden, heute aber zum größten Teil im Hüttenwerk Menzel Bourguiba

verhüttet werden. Das Aufkommen an sonstigen Gütern ist gering, der Endbahnhof Tabarka registrierte 1966 einen Versand von lediglich 3 367 t und einen Empfang von 13 314 t
(SNCFT, Statistique par Gare 1966, S. 18). Die Existenz dieser Linie ist daher engstens
mit der Lebensdauer des Erzbergwerkes von Tamera-Douaria verknüpft.

Die Medjerdatalbahn Tunis—Ghardimaou hat ein recht differenziertes Güteraufkommen, wenn auch die Getreide- und Zuckertransporte dominieren. Die Zuckerraffinerie
von Béja wird vom Hafen Bizerte aus mit jährlich ca. 40 000 t importiertem Rohzucker
beliefert, während sie selbst 50 000 t Weißzucker in die Verbraucherzentren an der Küste
versendet. Sie ist damit einer der ganz wenigen postkolonialen Industriebetriebe, der einen
Güterfluß von der Küste ins Binnenland induziert. Für die wichtigste Normalspurlinie
Tunesiens ist ihre Verkehrsleistung mit etwa 200 000 t/Jahr (in beiden Richtungen) aber
doch recht bescheiden. Größere Bedeutung kommt ihr in ihrem östlichen Teil für den Personenverkehr zu.

Die Schmalspurlinie Tunis—Kalaâ Khisba transportiert seit ihrem Bau primär die
Bergbauprodukte Mitteltunesiens ab. Die Karte N 13 spiegelt das Güteraufkommen des
Jahres 1967 wider, als noch 930 000 t Eisenerz vom Djebel Djerissa, 270 000 t Phosphate
von Kalaâ Khisba und etwa 140 000 t Getreide aus dem Milianagebiet zur Küste versandt
wurden. Wegen der Erschöpfung der Erzvorräte des Djebel Djerissa — die Förderung
betrug 1977 nur noch etwa 300 000 t — hat sich das Transportvolumen seitdem stark verringert. Die Förderung wird heute größtenteils vom Hüttenwerk in Menzel Bourguiba
benötigt, für den Export über Tunis stehen nur noch relativ geringe Mengen (1977:
101 600 t) zur Verfügung. Das für Menzel Bourguiba bestimmte Erz muß im Bahnhof
Tunis auf Normalspur wechseln. Ein neues Transportgut könnte der Linie nach der Fertigstellung einer seit 1976 im Bau befindlichen Zementfabrik bei Djerissa erwachsen.
Recht gering ist der binnenwärts gerichtete Verkehr dieser Strecke, er liegt bei etwa
90 000 t/Jahr ab Tunis.

Die vierte Penetrationslinie Sousse—Kasserine hat nur noch eine minimale Verkehrs-
bedeutung, sie wird vermutlich nur noch aus regionalpolitischen Gründen aufrechterhal-
ten. Ihre Hauptfunktion verlor sie bereits nach dem Zweiten Weltkrieg, als der Phosphattransport von den südtunesischen Revieren zum Hafen Sousse (1929: 234 000 t) nicht
mehr wieder aufgenommen wurde. Das früher zweitwichtigste Transportgut, das in der
Feuchtsteppe geerntete Halfagras (*stipa tenacissima*), spielt im Bahntransport keine Rolle
mehr. Die von 171 000 t (1950/51) auf 62 400 t (1974/75) abgesunkene Ernte wird so gut
wie vollständig von der Zellulosefabrik in Kasserine aufgekauft, wobei der Abtransport
mit Lastwagen erfolgt. Für die Bahn blieben 1975 noch ganze 600 t Halfa zu befördern
(Annuaire Statistique de la Tunisie 1974—1975, S. 269). Ob die Wiederherstellung der
seit 1969 zerstörten Teilstrecke Kasserine—Henchir Souatir zu einer Verkehrsbelebung
dieser Linie führen wird, bleibt abzuwarten.

Die fünfte Penetrationslinie Sfax—Gafsa—Metlaoui hat für Tunesien eine ähnlich
dominierende Stellung im Eisenbahn-Gütertransport wie die „ligne minière" für Algerien.
Mit einer transportierten Menge von 3—4 Mio. t im Jahr entfällt auf diese Strecke über
die Hälfte des Gütertransports der tunesischen Bahnen. Die Transportleistung wird noch
eindrucksvoller, wenn man sie in Tonnenkilometern mißt: im Jahre 1974 leistete diese
Linie mit ihren Stichstrecken (zusammen 455 km) 940 Mio. tkm, während das restliche

Figur 13 Zug der ehemaligen „Compagnie Sfax—Gafsa", beladen mit Rohphosphat, auf der Fahrt zur Aufbereitungsanlage Metlaoui. 27. 3. 1968

tunesische Netz (1 336,5 km) lediglich 541 Mio. tkm erbrachte (ANNUAIRE STATISTIQUE DE LA TUNISIE 1974—1975, S. 265, 270). Die Strecke ist extrem stark vom Phosphattransport abhängig: im Jahre 1975 entfielen bei einem Güteraufkommen von 3,851 Mio. t nicht weniger als 3,347 Mio. t auf Rohphosphate. Der Güterfluß erfolgt somit einseitig von den Bergwerken zur Küste, der Gegenverkehr ins Binnenland erreicht kaum 10 % des gesamten Verkehrsaufkommens, die Phosphatwaggons rollen leer zurück. Überhaupt ist diese Bahn auch in ihrer technischen Ausrüstung auf den Phosphattransport spezialisiert (s. *Fig. 13*): von ihrem Wagenpark dienen 2 155 Waggons ausschließlich dem Phosphattransport, lediglich 300 Waggons (1975) können auch andere Güter befördern. Mit 501 000 Reisenden (1975) ist der Personenverkehr recht unbedeutend. Die Installation des Entwicklungspoles Gabès hat zu einer Belebung der Strecke Graïba—Gabès geführt, was die Karte N 13 noch nicht widerspiegelt. Für die dort angesiedelte phosphatverarbeitende Industrie (s. A. ARNOLD 1979, S. 101—107) werden gegenwärtig etwa 500 000 t, nach vollendetem Ausbau aber zwischen 0,9 und 1,3 Mio. t Rohphosphate antransportiert.

Angesichts dieses für die nahe Zukunft zu erwartenden Transportvolumens wäre der Neubau der Direktverbindung Gafsa—Gabès (129 km) anstelle des bisherigen Umwegs über Graïba (260 km) auch aus wirtschaftlichen Gründen vertretbar.

Im Gegensatz zu den algerischen Werken in Annaba ist die tunesische phosphatverarbeitende Industrie (Phosphorsäure- und Phosphatdüngerfabriken) in Sfax und Gabès eindeutig exportorientiert, so daß sie wenig Rückfracht für die Bahn bereitstellt. Dagegen könnte die 1977 eröffnete Zementfabrik Gabès (Kapazität: 680 000 t/Jahr) für eine stärkere Auslastung der Bahnstrecke Gabès—Graïba in Süd-Nord-Richtung sorgen.

Ein recht differenziertes Verkehrsaufkommen hat die Nord-Süd-Achse Tunesiens, wobei man den Normalspurabschnitt Bizerte—Tunis gesondert von der Schmalspurstrecke Tunis-Sfax betrachten muß. Die Strecke Tunis—Bizerte wurde durch die Industrialisierung im Raum Bizerte—Menzel Bourguiba aufgewertet. Das Hüttenwerk Menzel Bourguiba induzierte einerseits die bereits erwähnte Anlieferung des Erzes von Djebel Djerissa (ca. 200 000 t/Jahr), andererseits versendet es jährlich etwa 40 000 t Stahlwaren über die Schiene nach Tunis; ebenfalls 40 000 t Zement bringt das Zementwerk Bizerte, hauptsächlich für den Raum Tunis, zum Versand. Auf der Schmalspurstrecke Tunis—Sfax werden ca. 400 000 t Güter von Tunis südwärts, aber nur 80 000 t in Richtung Norden transportiert. Das Transportvolumen sinkt von 400 000 t im Abschnitt Tunis—Sousse auf 220 000 t zwischen Sousse und Sfax (J. M. MIOSSEC & P. SIGNOLES 1976, S. 179). Die Güterpalette ist stark differenziert, die größten Einzelposten bilden Getreide, Mehl und Zement. Der Warenstrom auf dieser auch für den Reiseverkehr so wichtigen Strecke spiegelt die Funktion der Stadt Tunis als Hauptimporthafen (s. *Kap. 5.2.4*) und wichtigstes Großhandelszentrum Tunesiens wider.

Insgesamt dominiert also im Güterverkehr auf den Eisenbahnen des östlichen Maghreb noch immer das kolonialzeitliche Muster des Massenguttransportes von Bergbauprodukten zur Küste. Wenn auch ein wachsender Teil dieser Rohstoffe (Phosphate, Eisenerze, Getreide) heute von den jungen küstenständigen Industrien zu Halbfabrikaten oder Fertigwaren verarbeitet wird, verändert dies noch nicht den einseitigen Güterfluß. Gerade auf den drei meistbelasteten Strecken des Blattes N 13 (Djebel Onk—Annaba, Kalaâ Khisba—Tunis, Gafsa—Sfax) erreicht der Gegenverkehr ins Binnenland kaum 10 % des jeweiligen Gesamtverkehrs. Die Waggons rollen leer zurück, was kaum zur Rentabilität des Bahnnetzes beiträgt. Andererseits führt die Spezialisierung einzelner Linien auf ein bestimmtes Gut dazu, daß — mangels vielseitig beladbarer Waggons — eine Rückfracht gar nicht erwünscht ist. Außerdem hat diese Spezialisierung der einzelnen Linien zur Folge, daß der Güterfluß von der einen zur anderen relativ gering ist. Jede Linie erfüllt ihre spezielle Funktion, die in der Regel in der Verknüpfung des Standorts der Rohstoffgewinnung mit einer Hafenstadt ist, in geometrischer Sicht handelt es sich um die Verbindung zweier Punkte. Er kommt weder zu wesentlichen Güterströmen von der einen Linie auf die andere — eine Ausnahme bildet die Verfrachtung der 200 000 t Eisenerz von der Linie Djerissa—Tunis auf die Linie Tunis—Bizerte — noch zur Induktion von verarbeitenden Industrien entlang dieser Rohstoff-Abfahrbahnen. Von einer Netzbildung der Güterströme ist man im Maghreb noch weit entfernt, auch wenn die einzelnen Linien in Knotenpunkten miteinander verknüpft sind.

Eine weitere Ursache für die geringe Bedeutung der Bahn im binnenwärts gerichteten Güterverkehr ist die mangelhafte Anbindung der Eisenbahn an einige tunesische Häfen. So besitzt z. B. der moderne Hafen Tunis-La Goulette, der heute den größten Teil der tunesischen Importe abwickelt, keinen Bahnanschluß. Er wurde nördlich des für Seeschiffe befahrbaren Kanals La Goulette—Tunis angelegt, während sich der Bahnanschluß für die Eisenerz- und Phosphatverladung auf der Südseite befindet! Die in La Goulette entladenen Importgüter müssen daher ausnahmslos mit Lastkraftwagen über das ohnehin überlastete Straßennetz der Stadt Tunis abtransportiert werden. Der Hafen von Bizerte weist eine ähnliche Verkehrsinfrastruktur auf. Dort haben wohl die älteren Kais nördlich des Seeschiffskanals zum See von Bizerte einen Gleisanschluß, nicht aber die südlich des Kanals gelegene Erdölraffinerie, die 1964 in Betrieb genommen wurde (Durchsatzkapazität: 1,2 Mio. t). Aus dieser Lage ergibt sich die paradoxe verkehrsgeographische Situation, daß die Raffinerie ihr Rohöl über eine Tankerbrücke importiert und die Fertigprodukte, die fast ausschließlich für den Binnenmarkt bestimmt sind, größtenteils mit Küstentankschiffen zu den Häfen Tunis und Sfax verfrachtet, von wo aus die Produkte überwiegend mit Straßentankwagen über das Land verteilt werden (J. M. Miossec & P. Signoles 1976, S. 176). Auf diese Weise entgeht der tunesischen Bahn eines der wenigen Massengüter, die von der Küste ins Binnenland transportiert werden. Die algerische Staatsbahn konnte sich demgegenüber einen Teil der Kohlenwasserstoffverteilung im Binnenland sichern; der entsprechende Frachtposten stieg von 365 000 t (1969) auf 955 000 t (1975) an (A. Arnold 1973, S. 69; Annuaire Statistique de l'Algérie 1976, S. 266).

Im Personenverkehr haben die Eisenbahnen gegenüber den verschiedenen Straßenverkehrsmitteln viel Boden verloren, vor allem weil ihnen seit den zwanziger Jahren die Mittel fehlten, den Komfort der Reisewagen und die Reisegeschwindigkeit der Konkurrenz des Kraftwagens anzupassen. Dieser Bedeutungsschwund ist vor allem auf den Fernstrecken zu beobachten; die mittlere Reisedistanz eines Eisenbahnpassagiers in Tunesien betrug 1975 lediglich 29,4 km. Das deutet darauf hin, daß die Eisenbahnen Tunesiens vor allem vom Pendlerverkehr genutzt werden. Der algerische Reiseverkehr spielt sich dagegen stärker auf den Fernstrecken ab, hier lag die mittlere Reiseweite 1976 bei 129,9 km (Annuaire Statistique de l'Algérie 1976, S. 264).

4   Die Erdöl- und Erdgasleitungen

Die Entdeckung der Erdöl- und Erdgasfelder in der Sahara seit den fünfziger Jahren hat die Wirtschaftsstruktur Algeriens und Libyens, weniger diejenige Tunesiens, von Grund auf verändert. Aus der verkehrsgeographischen Sicht dieses Heftes sind der Bau der kostspieligen Rohrleitungssysteme und der beiden Terminals La Skhira und Skikda die wichtigsten Folgeerscheinungen im Bereich der Karte N 13, während die wichtigsten Öl- und Erdgaslagerstätten bekanntlich außerhalb der Blattgrenzen liegen.

Die Erdölexploration hatte im Bereich des Atlassystems bereits vor dem Zweiten Weltkrieg eingesetzt, ihr waren bis heute nur bescheidene Erfolge beschieden. Nach 1945 dehnten französische Ölgesellschaften die Suche auch auf die großen Sedimentbecken der Sahara aus, Tiefbohrungen erschlossen deren geologische Strukturen. Im Jahre 1956 wurden die Bohrungen fündig, fast gleichzeitig wurden die großen Erdöllagerstätten um In Amenas und von Hassi Messaoud sowie das Gasfeld Hassi R'Mel entdeckt (K. Schliephake 1975, S. 46—47). Nachdem die sogenannte Baby-Pipeline (6 Zoll) Haoud-el-

Hamra—Touggourt verlegt worden war, wurde die Produktion 1958 aufgenommenen und das erste Öl von Touggourt aus mit Eisenbahn-Kesselwagen zum Hafen Skikda transportiert. Die Förderung im großen Stil konnte freilich erst aufgenommen werden, als die Pipelines Haoud-el-Hamra—Bejaia (1959) und In Amenas—La Skhira (1960) fertig-gestellt waren. Dann stieg die Produktion rapide an (s. *Tab. 8*). Algerien verfügt über 40 produzierende Einzelfelder mit Reserven von etwa 1 700 Mio. t. Größere Neuentdeckun-gen wurden in den letzten Jahren nicht mehr gemeldet. In Tunesien wurde das erste kom-merziell nutzbare Vorkommen 1964 bei El Borma, im wüstenhaften Südzipfel, entdeckt. Es handelt sich um ein Feld, das sich über die Grenze auf algerisches Staatsgebiet erstreckt. Die Förderung konnte 1966 aufgenommen werden, nachdem eine 14-Zoll-Lei-tung das Feld an die Transportleitung In Amenas—La Skhira angeschlossen hatte. Klei-nere Vorkommen wurden später in der tunesischen Steppe entdeckt: Tamesmida und Douleb (1966), Sidi Itayem 1971 (auch Bir Litayem genannt) und Bhirat (oder Baharat). Als wichtigste Quelle erwies sich die im Golf von Gabès gelegene Off-Shore-Lagerstätte Ashtart (entdeckt 1971). Sie ist heute das wichtigste Feld Tunesiens (1975: 2,3 Mio. t), während die Produktion von El Borma offensichtlich ihren Höhepunkt überschritten hat (1975: 1,9 Mio. t, 1971 noch 3,87 Mio. t). Durch Injektion von Wasser wird versucht, die Lebensdauer dieses Feldes zu verlängern. Nahezu die gesamte Erdölförderung Tunesiens wird exportiert, während der Bedarf der Raffinerie Bizerte (1977: 1,221 Mio. t) importiert wird. Die Ölvorräte Tunesiens bewegen sich in der Größenordnung um 100 Mio. t; genaue Angaben sind aber nicht möglich, da der Umfang der Off-Shore-Felder noch nicht bekannt ist.

Tabelle 8   Die Entwicklung der Erdölförderung Algeriens und Tunesiens

	Algerien (Mio. t)	Tunesien (Mio. t)		Algerien (Mio. t)	Tunesien (Mio. t)
1958	0,4	—	1973	50,2	3,88
1960	8,6	—	1974	47,0	4,13
1966	33,9	0,63	1975	42,6	4,60
1970	48,2	4,15	1976	50,1	3,71
1971	36,5[a]	4,10	1977	53,5	4,27
1972	52,0	3,96	1978	57,2	4,90

[a] 1971 wurde der größte Teil der ausländischen Ölkonzerne in Algerien nationalisiert

Quelle: Diverse amtliche Statistiken

4.1 Die Erdölleitungen

„Typisches und übliches Transportmittel für Erdöl und Erdgas ist somit die Rohrleitung, die ausschließlich jeweils einem der beiden Stoffe zur Verfügungs steht. Sie hat damit zu anderen Bereichen der regionalen Wirtschaft keinerlei Beziehungen" (K. Schliephake 1975, S. 109). Diesen Ausführungen ist wenig hinzuzufügen. Von allen terrestrischen Transportsystemen üben die Rohrleitungen die geringsten Auswirkungen auf den Raum aus, den sie durchqueren. Meist sind sie nicht einmal physiognomisch faßbar. Lediglich an ihren Endpunkten machen sie sich mit ihren Tankfarmen und anderen Einrichtungen raumprägend bemerkbar. Von den 4 Erdöl- und Erdgasterminals in Algerien und Tunesien — Arzew, Bejaia, Skikda, La Skhira — liegen die beiden letzteren im Bereich der Karte N 13 (s. *Fig. 14*).

Die Ölleitung In Amenas—La Skhira (Durchmesser: 24 Zoll = 61 cm) wurde im September 1960 eröffnet. Der algerische Teil der Leitung wurde 1971 verstaatlicht, das tunesische Teilstück gehört der alten Eigentümerin TRAPSA, einer zu 100 % französischen Gesellschaft. Die Kapazität der Leitung von ca. 17 Mio. t wird seit Jahren nicht mehr ausgenützt. Offensichtlich lastet Algerien zunächst die ausschließlich über sein Staatsgebiet verlaufenden Leitungen aus (s. *Tab. 9*), außerdem macht sich der starke Förderrückgang des tunesischen Feldes El Borma bemerkbar.

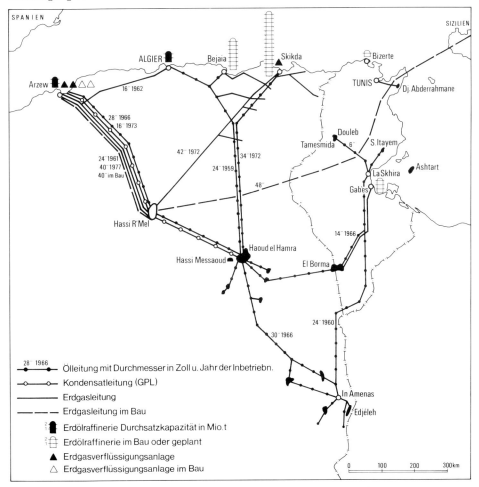

Figur 14   Das Erdöl- und Erdgasleitungsnetz in Algerien und Tunesien (Stand 1979).
Quelle: A. Arnold 1979, S. 47.

Tabelle 9   Die Transportleistung der großen Erdölleitungen im Maghreb

Erdölleitung	Kapazität (in Mio. t)	Transportleistung (in Mio. t)					
		1970	1971	1972	1973	1974	1975
Haoud el Hamra—Arzew	22	20,18	17,07	17,98	17,67	19,05	18,87
Haoud el Hamra—Bejaia	17	16,42	14,64	14,42	12,24	11,90	12,46
Haoud el Hamra—Skikda	12—30[a]	—	—	6,87	11,13	7,07	5,22
In Amenas—La Skhira	17						
a) algerisches Öl		11,18	5,05	10,46	8,48	7,63	7,72
b) tunesisches Öl		3,93	3,87	3,57	3,47	2,48	1,92
Gesamttransport		15,11	8,92	14,03	11,95	10,11	9,64

[a]   nach vollständigem Ausbau 30 Mio. t

Quellen: Annuaire Statistique de l'Algérie, 1976, S. 216; — STB, Rapport Annuel 1971, S. 12; — 1973, S. 23; — 1975, S. 27

Die kleineren tunesischen Felder Douleb (1972: 165 000 t) und Tamesmida (26 000 t) liefern ihre Förderung über eine 65 km lange 6-Zoll-Leitung, das Feld Sidi Itayem über eine 8-Zoll-Leitung von 83 km Länge zum Terminal La Skhira. Das Öl des Off-Shore-Feldes Ashtart wird direkt in Tankschiffe gepumpt und exportiert.

Im Jahre 1967 beschloß die algerische Regierung den Ausbau Skikdas zum Öl- und Erdgasterminal und zum Standort von petrochemischen Grundstoffindustrien und einer Erdölraffinerie. Diese Entscheidung fiel primär aus regionalpolitischen Gründen. Der Industriebesatz Ostalgeriens lag von der Kolonialzeit her noch unter dem Landesdurchschnitt; es lag daher nahe, Skikda als zweiten küstenständigen Entwicklungspol neben Annaba auszubauen. Der Bau der Ölleitung wurde 1969 begonnen und im Mai 1972 abgeschlossen, sie war daher zum Stichtag (1. 1. 1972) noch unvollendet und wurde in diesem Zustand in die Karte N 13 aufgenommen. Bei einer Länge von 645 km und einem Durchmesser von 34 Zoll hat die Leitung eine Anfangskapazität von 12 Mio. t/Jahr. Durch Einbau von weiteren Pumpen kann die Transportkapazität auf 30 Mio. t gesteigert werden; damit würde die Gesamtkapazität aller 4 algerischen Ölleitungen auf 86 Mio. t anwachsen. Es ist unwahrscheinlich, daß die algerische Erdölförderung jemals diese Höhe erreichen wird. Die neuerdings auch in Algerien betriebene Politik der Schonung der Ölreserven dürfte die Jahresförderung nicht über 60—65 Mio. t steigen lassen. Das nach Skikda gepumpte Rohöl wird zur Zeit noch ausschließlich exportiert. Ab 1980 soll die Raffinerie (Durchsatzkapazität: 15 Mio. t) in Betrieb gehen, deren Fertigprodukte ebenfalls zum größten Teil für den Export bestimmt sind.

4.2 Die Erdgasleitungen

Für die Regionalentwicklung des östlichen Maghreb sind die Erdgasleitungen von weitaus größerer Bedeutung als die Ölleitungen. Die Karte N 13 enthält lediglich die Leitung Hassi R'Mel—Skikda (42 Zoll Durchmesser, 573 km Länge, Anfangskapazität:

12 Mrd. m³), da nur sie den für die Aufnahme in die Karte N 13 nötigen Schwellenwert von 1,5 Mrd. m³ überschreitet (s. *Fig. 15*). Die besonders in Algerien recht zahlreichen Versorgungsleitungen zu den großen Städten und Industriebetrieben konnten nicht dargestellt werden, sie können aus *Figur 14* ersehen werden. Die Entscheidung, die Leitung nach Skikda zu verlegen, wurde getroffen, um die Gasversorgung Ostalgeriens sicherzustellen. Eine Exportleitung mit hohem Durchsatz bewirkt eine Degression der Transportkosten, welche eine ausschließliche Versorgungsleitung nie erreichen könnte. Aus diesem Grunde nahm man auch die Trassenführung Hassi R'Mel—Skikda in Kauf, obwohl sie 70 km länger als diejenige nach Arzew ist. Die Kapazität der Leitung betrug anfangs 6 Mrd. m³, der Ausbau auf 12 Mrd. m³ ist im Gange. Das Gas dient teils als Brennstoff im Kraftwerk Skikda, teils als Rohstoff für die petrochemische Industrie; der überwiegende Teil geht nach Verflüssigung in den Export, vor allem nach Frankreich. Aufgrund von technischen Schwierigkeiten in der Verflüssigungsanlage entwickelte sich der Transport über die Gasleitung nach Skikda langsamer als geplant: obwohl sie seit Mai 1972 betriebsbereit ist, wurden auch 1975 erst 3,24 Mrd. m³ befördert (ANNUAIRE STATISTIQUE DE L'ALGÉRIE 1976, S. 216). Die Erschließung der algerischen Erdgasvorkommen (Reserven:

Figur 15   Röhrenlager für die 42-Zoll-Erdgasleitung Hassi R'Mel-Skikda in der Nähe von Biskra (Algerien). Die Röhren werden mit der Eisenbahn zu diesem Lagerplatz angeliefert. 29. 3. 1969

ca. 3,5 Billionen m³) verlief sehr viel schleppender als diejenige der Ölfelder, obwohl die großen Vorkommen von Öl und Gas gleichzeitig im Jahre 1956 entdeckt worden waren. Im Jahre 1970 wurden 2,8 Mrd. m³, 1975 ca. 7,8 Mrd. m³ gefördert, wovon 6 Mrd. m³ in den Export gingen (ANNUAIRE STATISTIQUE DE L'ALGÉRIE 1976, S. 231—217). Für diese langsame Entwicklung sind sowohl technische als auch kommerzielle Gründe verantwortlich. Die Entdeckung des Erdgasfeldes von Hassi R'Mel fiel in eine Zeit, in der das problemlos transportierbare Öl weltweit billig war. Das algerische Erdgas war auf den Auslandsmärkten zunächst kaum absetzbar, der Binnenmarkt nahm nur geringe Quantitäten ab (1970: 825 Mio. m³; 1975: 1 847 Mio. m³), obwohl einige große Städte (Oran, Algier) bereits seit 1962 an Versorgungsleitungen angeschlossen waren. Erst die in den siebziger Jahren einsetzende Energieverteuerung machte das algerische Flüssiggas auf den potentiellen Märkten, in Westeuropa und an der Ostküste der USA, überhaupt erst absatzfähig. Ende 1978 hatte Algerien feste Lieferverträge über jährlich 60 Mrd. m³ mit verschiedenen Abnehmern abgeschlossen, die etwa ab 1985 erfüllt werden müssen.

Das zweite Handicap für die Entwicklung der algerischen Erdgasförderung sind die Kapitalintensität und die technischen Schwierigkeiten, wenn der Transport in „gebrochener Form", d. h. über die Transportkette Verflüssigungsanlage, Flüssiggastanker und Vergasungsanlage, erfolgen muß. Die Kosten für eine derartige Flüssiggaskette werden derzeit auf 4 Mrd. DM je 5 Mrd. m³ Transportkapazität beziffert (E. KAMMERER 1978, S. 16). Im Vergleich zu diesen ungeheuren Investitionskosten war die Erschließung der Ölfelder sehr viel billiger und unproblematischer.

In Tunesien existieren zwei kleinere Gasleitungen. Die erste speist die Förderung des kleinen Feldes Djebel Abderrahmane auf der Halbinsel Cap Bon (ca. 9 Mio. m³/Jahr) in das Stadtgasnetz von Tunis ein, die zweite verbindet das Ölfeld El Borma mit Gabès-Ghannouche. Diese 300 km lange Leitung von 10,75 Zoll Durchmesser beförderte 1977 230 Mio. m³ Erdgas zum Kraftwerk Gabès (STB, RAPPORT ANNUEL 1977).

Die tunesische Erdgasversorgung könnte entscheidend verbessert werden, wenn die Gasleitung Hassi R'Mel—Italien, die über tunesisches Gebiet führt (s. *Fig. 14*), gebaut wird. Die Leitung soll auf dem Boden des Mittelmeeres verlegt werden und jährlich 11—12 Mrd. m³ Gas transportieren; 5 % dieser Menge sind für Tunesien als Transitgebühr vorgesehen — das wäre die doppelte Menge der eigenen tunesischen Erdgasförderung. Die Finanzierungsverträge zwischen der algerischen Staatsgesellschaft SONATRACH und europäischen Banken wurden im Januar 1979 abgeschlossen (INDUSTRIES ET TRAVAUX D'OUTRE-MER 1979 b, S. 21).

5   Der Seehafenverkehr

Schiffbare Binnengewässer gibt es, im Gegensatz zu den anderen Gebieten des AFRIKA-KARTENWERKES, im Maghreb nicht. Die Karte N 13 kann sich daher auf die Darstellung des Hafenumschlages einschließlich Passagierverkehr beschränken. Die Statistischen Jahrbücher Algeriens und Tunesiens sowie Publikationen der einzelnen Hafenverwaltungen liefern hierfür ausreichendes statistisches Material.

5.1 Die Entwicklung der Seehäfen

Die modernen Seehäfen im östlichen Maghreb wurden in 2 Phasen angelegt. Die Häfen waren unabdingbare Stützpunkte der Kolonisation, so daß sowohl in Algerien als auch in Tunesien die ersten Jahrzehnte nach der Okkupation von einer lebhaften Hafenbautätigkeit begleitet waren. Eine zweite Investitionswelle erfaßte die Häfen in der Postkolonialzeit, als die kolonialzeitlichen Anlagen aus dem 19. Jahrhundert nicht mehr den derzeitigen Schiffsgrößen und dem stark gestiegenen Umschlagvolumen gewachsen waren. Diese jüngste Ausbauphase ist noch nicht abgeschlossen.

Von den Häfen der Vorkolonialzeit waren nur wenige, wie z. B. Bizerte, Porto Farina (arab. Ghar el Melah) und La Goulette mit Hafenbecken und Kaimauern ausgestattet. In Porto Farina hat sich heute noch ein Beispiel eines befestigten Handels- und Kriegshafens des 17. und 18. Jahrhunderts erhalten, weil sein Becken durch die Sedimentation der Medjerda seit der zweiten Hälfte des 19. Jahrhunderts aufgefüllt wurde. Auch im Haupthafen des östlichen Maghreb, La Goulette, war die Wassertiefe um 1880 mit 2—2,5 m so gering, daß die damaligen Dampfschiffe auf Reede ankern mußten (R. Fitzner 1895, S. 7). Der Niedergang der Seemacht von Tunis und Algier unter dem Druck der europäischen Mächte im 19. Jahrhundert hatte zu einer Vernachlässigung der Hafenanlagen während der Jahre vor der Okkupation durch Frankreich geführt. In den meisten Häfen mußten die Schiffe, wie in La Goulette, auf Reede ankern.

Als eine der ersten Infrastrukturmaßnahmen der Kolonialverwaltung wurden im Maghreb Häfen gebaut, die dank ihrer Molen, Hafenbecken, Kaimauern und Ladeeinrichtungen einen sicheren und billigeren Umschlag ermöglichten. Die Häfen waren die Brückenköpfe der Kolonisation, in Verknüpfung mit den Straßen und später mit den Eisenbahnen waren sie die Voraussetzung für die Penetration des Landes. Die Eisenbahnlinien gingen, wie in *Kapitel 3.1* gezeigt wurde, in der Regel von den Haupthäfen aus; die im 19. Jahrhundert gebauten Hauptbahnhöfe der Hafenstädte liegen vielfach unmittelbar am Kai (Algier, Skikda — s. *Figur 16* —, Annaba, Bizerte). Für den kolonialwirtschaftlichen Güteraustausch — Rohstoffe gegen Fertigwaren — bildeten die Häfen die unabdingbaren Verknüpfungspunkte von Metropole und Kolonie. Im extravertierten kolonialen Wirtschaftssystem gewannen die Seehäfen selbstverständlich eine viel größere Bedeutung als im selbstgenügsamen System der Vorkolonialzeit. Bald nach der Okkupation wurden daher moderne Häfen unter Einsatz erheblicher Investitionsmittel angelegt. Im Gebiet der Karte N 13 wurden in der frühen Kolonialzeit die 6 Häfen Skikda, Annaba, Bizerte, Tunis, Sousse und Sfax ausgebaut. Da Algerien rund 50 Jahre vor Tunesien okkupiert wurde, begann hier der Ausbau der Häfen auch einige Jahrzehnte früher, nämlich bereits um die Mitte des 19. Jahrhunderts. Die vier tunesischen Haupthäfen wurden etwa gleichzeitig, zwischen 1890 und 1900, erbaut. Der Bau wurde von privaten Hafengesellschaften im Konzessionsverfahren durchgeführt, wobei der tunesische Staat allerdings erhebliche verlorene Zuschüsse leistete. Die tunesischen Konzessionen wurden in den Jahren 1938—1942 eingezogen, die 4 Häfen Bizerte, Tunis-La Goulette, Sousse und Sfax unterstehen heute dem tunesischen „Office des Ports Nationaux".

Die Kapazität dieser Häfen, deren Einrichtungen schrittweise modernisiert wurden, genügten den Verkehrsanforderungen der Kolonialzeit. Erst die Inwertsetzung der Öl-

und Gasfelder sowie die Umstrukturierung der Wirtschaft in der Postkolonialzeit machte etwa von 1960 an den Bau neuer Anlagen bzw. die grundlegende Erweiterung der älteren Häfen notwendig. Die Erdöl- und Erdgasterminals Skikda und La Skhira wurden als Spezialhäfen völlig neu errichtet. Tunis erhielt im früheren Vorhafen La Goulette einen neuen Stückgut- und Passagierhafen, nachdem der Ende des 19. Jahrhunderts erbaute Stadthafen für die größeren Schiffe nicht den erforderlichen Tiefgang aufweist. Schließlich wird im unabhängigen Tunesien der Hafenbau nicht mehr unter rein wirtschaftlichen Kriterien betrachtet, sondern bewußt als Mittel der Regionalentwicklung eingesetzt. Der Bau der Häfen von Tabarka und Gabès hatte den erklärten Zweck, den peripheren Räumen im äußersten Nordwesten und im Süden des Landes Entwicklungsimpulse zu geben.

In Algerien wurden die Hafenanlagen in der Postkolonialzeit kaum erweitert, wenn man von den Öl- und Gasterminals Arzew-Bethioua in Westalgerien und Skikda absieht; auch die Be- und Entladungseinrichtungen sind auf dem technischen Stand der fünfziger Jahre stehengeblieben. Seit 1954 hat sich aber die Bevölkerung des Landes von 9,4 Mio. auf ca. 18 Mio. Einwohner (1977) fast verdoppelt; ihre Bedürfnisse an Importgütern sowie die von der jungen Industrie induzierten Güterströme ließen das Importvolumen von 3,7 Mio. t (1954) auf 10,6 Mio. t (1975) ansteigen. Außerdem werden heute im Unterschied zur Kolonialzeit Güter wie Zement (1976: 1,6 Mio. t) und Getreide importiert, für die in den Häfen zu geringe Lagerkapazitäten vorhanden sind. Die Straßen- und Eisenbahnkapazitäten sind ebenfalls für einen schnellen Abtransport ins Binnenland unzureichend, so daß die Importgüter zeitweise die Häfen blockieren. Die Schiffe müssen lange Liegezeiten in Kauf nehmen. In absehbarer Zukunft ist daher eine Erweiterung bzw. der Neubau von Häfen unumgänglich, da die bisherige Umschlagkapazität nicht mehr den Anforderungen genügt.

5.2 Die Seehäfen

5.2.1 Skikda

Stadt und Hafen Skikda wurden erst 1838 unter dem Namen Philippeville gegründet. Die Siedlung diente zunächst als militärische Nachschubbasis für die 1837 eroberte Stadt Constantine, sie entwickelte aber bald kommerzielle Funktionen als wichtigster Hafen für dieses ostalgerisches Oberzentrum. Diese Vorrangstellung verstärkte sich noch auf Kosten des Hafens von Collo, der in der Vorkolonialzeit den bescheidenen Seehandel Constantines abgewickelt hatte, als 1870 die Bahnverbindung Skikda—Constantine eröffnet wurde (s. *Kap. 3.1*). Mit der Verlängerung dieser Linie nach Batna (1882) und Touggourt erweiterte sich das Hinterland bis zum Nordrand der Sahara. Der Umschlag wuchs an, so daß in den siebziger Jahren des vorigen Jahrhunderts der Bau eines geschützten Hafens mit 2 Becken notwendig wurde. Während der gesamten Kolonialzeit blieb Skikda hauptsächlich Importhafen für Güter, die von Constantine aus verteilt wurden, der Import übertraf immer den Export. Diese Funktionen wurden radikal verändert, als die algerische Regierung 1967 beschloß, Skikda zum Erdöl- und Erdgasterminal auszubauen (s. *Kap. 4.1*). Der alte Hafen wurde bis 1972 zum Ölhafen erweitert, auf 11—14 m Tiefe ausgebaggert und mit 3 neuen Anlegeplätzen für Schiffe von 25 000—50 000 tdw versehen. Da aber diese

Anlagen für die Großtanker und für das zu erwartende Umschlagvolumen nicht ausreichten, wurde 1970—1973 etwa 2 km östlich des alten Hafens ein völlig neues Hafenbecken errichtet, das bei einer größten Wassertiefe von 18 m Öltanker bis zu 200 000 t und Flüssiggastanker mit einer Ladekapazität von 125 000 m³ abfertigen kann. Der Neubau ist als Spezialhafen für den Erdöl- und Flüssiggasversand angelegt, lediglich ein Anleger ist für Stückgut vorgesehen (Hochtief Nachrichten 1974, S. 2—35). Die Karte N 13 gibt den Umschlag Skikdas für das Jahr 1967 wieder, als Skikda noch vorwiegend die Funktionen eines Importhafens ausübte. Die Importe (273 500 t), bestehend aus Getreide (114 000 t), Kohlenwasserstoffe (57 400 t) und Stahlröhren für die Öl- und Gaswirtschaft (25 100 t) übertrafen die Exporte in Höhe von 88 600 t — vorwiegend Eisenerz (32 000 t) und Datteln sowie Frühgemüse (32 000 t) — um das Dreifache. Seit diesem Stichjahr hat sich der Umschlag von Skikda entscheidend verändert (s. *Tabelle 10*).

Tabelle 10   Die Verkehrsentwicklung des Hafens von Skikda

		1954	1958	1967	1970	1974	1975
Güterempfang	(1 000 t)	135	409	273,5	679	981	1 268
Güterversand	(1 000 t)	166	177	88,6	78	7 878	7 030
Güterumschlag	(1 000 t)	301	586	362,1	757	8 859	8 298

Quellen: Annales Algériennes de Géographie 1968, S. 76; — M. Grangaud 1968, S. 38; — Annuaire Statistique de l'Algérie 1972, S. 154; — 1976, S. 270

Skikda ist heute nicht nur ein Erdöl- und Erdgasversandhafen, auch der Stückgutumschlag hat sich gegenüber der Kolonialzeit vervielfacht. Dagegen wurde der in der Kolonialzeit wichtige Passagierverkehr eingestellt; der regelmäßige Liniendienst zwischen Skikda und Marseille wurde aufgegeben, an seine Stelle ist der Luftverkehr von Annaba und Constantine getreten.

5.2.2 Annaba

Der Hafen von Annaba wurde zwischen 1855 und 1885 erbaut. Den Anstoß gab die Ausbeute der Eisenerze von Ain Mokra, 30 km südwestlich der Stadt, welche bereits 1865 einsetzte. Bereits 1879 wurde das für die damalige Zeit hohe Umschlagvolumen von 400 000 t erreicht (F. Tomas 1970, S. 38). Nach der Erschöpfung der Lagerstätte Ain Mokra (1904) wurden die Phosphate von Kouif (ab 1895), die Eisenerze vom Djebel Ouenza (1921) und schließlich die Phosphate vom Djebel Onk (1965) verschifft (s. *Fig. 17*). Bereits 1929 wurde ein Umschlag von etwa 2 Mio. t, meist Eisenerz und Phosphate, erreicht. Etwa 100 Jahre lang waren die Hafenfunktionen Annabas recht einseitig auf den Export der ostalgerischen Bergbauprodukte ausgerichtet; die „ligne minière" erschließt ein Hinterland, das analog zu Skikda, bis zur Grenze der Sahara reicht. Erst die postkoloniale Industrialisierung sorgte für eine stärkere Diversifizierung des Umschlags. Der Hafen besteht aus 2 Becken, dem alten „petite darse" von 1855, das heute nur noch von Fischerbooten genutzt wird, und dem davor liegenden Haupthafen.

Figur 16   Der Hafen von Skikda vor dem Ausbau. Die Lage des Hauptbahnhofs (links) im Hafengelände ist typisch für die kolonialzeitliche Funktionsverknüpfung von Hafen und Penetrationsbahnlinie. 29. 3. 1969

Die Karte N 13 gibt den Umschlag Annabas für das Jahr 1967 wieder. Zu diesem Zeitpunkt dominierte noch die sehr einseitige kolonialwirtschaftliche Funktion des Rohstoffexporthafens: vom Versand von 2,283 Mio. t entfielen 90 % auf Eisenerz und 6 % auf Phosphate, der Rest auf Wein (11 000 t), Obst und Gemüse (13 000 t) und Halfagras (6 500 t). Der Güterempfang war im Verhältnis zum Versand mit 375 000 t recht bescheiden, außerdem entfielen allein 45 % dieser Menge auf flüssige Brennstoffe. Seitdem erfuhr der Güterempfang eine starke Steigerung, da die neuangesiedelten Industrien Massengüter wie Koks (250 000 t) und chemische Grundstoffe benötigen. Das Verhältnis von Versand und Empfang ist in manchen Jahren bereits recht ausgeglichen (s. *Tab. 11*). Eine leichte Belebung erfuhr auch der Passagierverkehr, der sich wie eh und jeh vor allem mit Marseille abspielt und vor allem von den algerischen Gastarbeitern in Frankreich getragen wird. Die Passagierzahlen stiegen von 16 660 (1967) auf 21 900 (1975).

Die im wesentlichen noch aus der Kolonialzeit stammenden Hafeneinrichtungen (s. *Fig. 17*) genügen in absehbarer Zukunft nicht mehr der gewandelten Verkehrsstruktur. Zwar ist kaum mit einer starken Steigerung der Gesamtumschlagziffer zu rechnen, weil die bisherigen Exportgüter Eisenerz und Phosphate ja im Lande verarbeitet werden sollen. Dafür wird die Palette von Gütern sehr viel differenzierter werden, wofür die Umschlageinrichtungen nicht vorhanden sind. Seit Ende der sechziger Jahre existieren bereits Pläne, den Hafen Annaba durch Anlagen von 2 neuen Hafenbecken nach Südosten zu erweitern.

Tabelle 11   Die Verkehrsentwicklung des Hafens von Annaba

		1955	1967	1970	1974	1975
Güterempfang	(1 000 t)	481	375	1 132	2 014	2 031
Güterversand	(1 000 t)	3 600	2 283	2 331	3 532	2 068
Güterumschlag	(1 000 t)	4 081	2 658	3 463	5 546	4 099

Quellen: L. Dumoulin 1958, S. 112; — M. Grangaud 1968, S. 36—37; — Annuaire Statistique de l'Algérie, 1972, S. 154; — 1976, S. 270

5.2.3   Bizerte

Der Hafen von Bizerte wurde ab 1890 von Frankreich primär aus strategischen Gründen ausgebaut. Bis zum Abzug der letzten französischen Truppen (1963) blieb er einer der wichtigsten Flottenstützpunkte im Mittelmeerraum. Der Handelshafen besteht im Grunde nur aus den beiden Molen, welche einen 86 ha großen Vorhafen schützen, und aus dem 1 500 m langen und 250 m breiten Kanal zum See von Bizerte. Am Nordufer des Kanals (10—12 m Tiefe) befinden sich die Anlegeplätze der Schiffe. Die Docks des ehemaligen Marinearsenals von Menzel Bourguiba, 25 km vom offenen Meer entfernt, können heute für die Reparatur von Handelsschiffen benutzt werden. Offensichtlich werden sie aber nur

Figur 17   Das Hauptbecken des Hafens von Annaba mit dem Stückgutkai im Vordergrund und der Eisenerz-Verladeanlage gegenüber. 2. 4. 1969

wenig in Anspruch genommen, da die Konkurrenz auf der nahen Insel Malta zu stark ist. In der Postkolonialzeit wurden die Hafenanlagen lediglich durch eine Löschbrücke für die südlich des Kanals angesiedelte Erdölraffinerie ergänzt. Während der gesamten Kolonialzeit traten die kommerziellen Funktionen des Hafens Bizerte hinter die militärischen zurück. Schon beim Bau war klar, daß angesichts des kleinen Hinterlandes und wegen der Nähe des Hafens von Tunis der Güterumschlag beschränkt sein würde. Angesichts der günstigen Lage an einer Hauptschiffahrtsstraße setzte man anfangs große Hoffnungen auf den Umsatz von Bunkerkohle, der sich jedoch nicht erfüllen sollte. Der Handelshafen Bizerte blieb während der Kolonialzeit ein Exporthafen, wobei von den zwanziger Jahren an das Eisenerz aus verschiedenen nordtunesischen Gruben (Tamera-Douaria, Nebeur) das mit Abstand wichtigste Frachtgut war.

Tabelle 12   Die Verkehrsentwicklung des Hafens Bizerte

		1910	1930	1960	1965	1968	1970	1975
Güterempfang	(1 000 t)	54	146	72	937	1 226	1 537	1 479
Güterversand	(1 000 t)	17	260	215	884	1 034	1 086	835
Güterumschlag	(1 000 t)	71	406	287	1 821	2 260	2 623	2 314
Passagiere	(absolut)	11 700	32 000	2 700	220	—	—	—

Quellen: E. GUERNIER 1948, S. 362; — ANNUAIRE STATISTIQUE DE LA TUNISIE 1963, S. 113; — 1964—1965, S. 129; — 1968, S. 146; — 1970—1971, S. 337; — 1974—1975, S. 279

Eine entscheidende Wandlung trat mit der postkolonialen Industrialisierung, insbesondere mit der Ansiedlung der Erdölraffinerie (1964) und des Eisenhüttenwerkes (1964—1965) ein (s. A. ARNOLD 1979, S. 93—97). Schlagartig erhöhte sich der Güterumschlag auf eine Menge von jährlich 2—2,6 Mio. t (s. *Tab. 12*). Die Karte N 13 zeigt den Güterumschlag für das Jahr 1968. Bei einer näheren Betrachtung der Güterstruktur relativieren sich jedoch die Umschlagziffern, da 75 % des Empfangs aus Rohöl für die Raffinerie und 80 % des Versands — 1975 sogar 95 % — aus deren Derivaten bestehen. In *Kapitel 3.3* wurde bereits dargelegt, daß die Raffinerie wegen des fehlenden Bahnanschlusses den größten Teil ihrer Produktion mit Küstentankschiffen abtransportieren muß. Die Masse des Umschlags berührt also den eigentlichen Handelshafen gar nicht. Das restliche Frachtaufkommen besteht hauptsächlich aus 60 000—100 000 t Koks für das Hüttenwerk und etwa 50 000 t Rohzucker für die Zuckerfabrik Béja. Der Umschlag für diese 3 Industriebetriebe hatte 1975 allein einen Anteil von 91 % beim Empfang und 97 % beim Versand, während allgemeine Handelsgüter so gut wie keine Rolle spielten. Man kann daher bei Bizerte kaum von der Verflechtung mit einem Hinterland sprechen, es ist eher ein Industriehafen für die 3 Betriebe.

5.2.4   Tunis-La Goulette

Die Hafenaktivitäten im Raum Tunis haben mehrfach ihren Standort gewechselt. Während die carthagischen und römischen Anlagen, von denen ansehnliche Reste vorhanden sind, zu Füßen des Burgberges von Carthago lagen, befand sich der Hafen der Beys von Tunis seit dem 16. Jahrhundert auf der Nehrung von La Goulette, welche den flachen See von Tunis abschließt. Der kolonialzeitliche Hafen wurde in größtmöglicher Stadtnähe in den Jahren 1889—1893 erbaut; ein 10 km langer und 6,5 m tiefer Kanal durch die Lagune ermöglichte den Schiffen die Zufahrt. Der Eingang des Kanals wurde zum Vorhafen La Goulette ausgebaut, von dem aus die Erze und Phosphate Mitteltunesiens verschifft wurden. Es bildete sich somit eine Arbeitsteilung heraus: der Stadthafen diente dem Stückgut- und Passagierverkehr, während der Vorhafen die Massengüter (einschließlich der Importkohle) umschlug. In der Postkolonialzeit genügte dieses Ensemble nicht mehr dem gestiegenen Umschlag; der Kanal hatte nicht den nötigen Tiefgang für größere Schiffe und schließlich wurde der Zeitverlust infolge der langsamen Kanaldurchfahrt unerträglich. Aus diesen Gründen entschloß sich die tunesische Regierung zum Bau eines neuen Handels- und Passagierhafens auf der Nordseite der Kanalmündung in La Goulette, der in den Jahren 1964—1969 durchgeführt wurde. Hierhin hat sich jetzt der Hauptumschlag verlagert. Der Stadthafen bleibt für kleinere Schiffe erhalten.

Tabelle 13   Die Verkehrsentwicklung der Häfen von Tunis

		1910	1930	1954	1960	1965	1968	1970	1975
Güterempfang	(1 000 t)	299	549	720	960	966	1 148	1 249	1 827
Güterversand	(1 000 t)	853	1 385	1 417	1 702	1 379	1 021	1 164	671
Güterumschlag	(1 000 t)	1 152	1 934	2 137	2 662	2 345	2 169	2 413	2 498
Passagiere	(absolut)	78 270	127 000	157 200	77 700	73 700	100 400	124 700	274 200

Quellen: E. GUERNIER 1948, S. 366; — J. LEPIDI 1955, S. 66; — ANNUAIRE STATISTIQUE DE LA TUNISIE 1963, S. 113; — 1964—1965, S. 129; — 1968, S. 146; — 1970—1971, S. 337; — 1974—1975, S. 279

Die Funktionen der Häfen von Tunis haben sich in den letzten Jahren gewandelt. Während der Kolonialzeit waren die Exporte fast immer doppelt so hoch wie die Importe. Seit 1960 hat sich jedoch das Exportvolumen laufend verringert (s. *Tab. 13*), was primär auf die stark rückläufigen Eisenerzexporte von Djebel Djerissa (1963: 783 000 t; 1975: 250 000 t) zurückzuführen ist. Außerdem ist der Getreideexport praktisch erloschen (1929: 110 000 t; 1975: 13 000 t), nachdem die tunesische Ernte nicht einmal mehr für die Ernährung der eigenen Bevölkerung ausreicht. Andererseits ist der Güterempfang laufend gestiegen, so daß er jetzt den Export um fast das Dreifache übersteigt. Die Karte N 13 weist für das Jahr 1968 noch ein relativ ausgeglichenes Verhältnis von Güterversand und -empfang aus. Die größten Einzelposten im Empfang bilden flüssige Brennstoffe (1968: 467 000 t; 1975: 707 000 t), die über Küstentanker von Bizerte bezogen werden. An zweiter Stelle steht heute das Getreide (1968: 252 000 t; 1975: 291 000 t), das — je nach Ernteausfall — in variablen Mengen aus den USA bezogen werden muß. Von allen Häfen der Karte N 13 haben diejenigen von Tunis den vielseitigsten Güterumschlag. Ihre Hauptfunktion ist der Import und die Verteilung von Gütern für ein Hinterland, das sich auf Kosten von Sousse und Bizerte immer mehr ausdehnt. Diese Funktionen werden durch neuartige Umschlagtechnologien wie Containerverkehr und Roll on-Roll off-Verkehr mit europäischen Häfen noch verstärkt, obwohl die Verkehrsanbindung des Hauptumschlagplatzes La Goulette-Nord infolge des fehlenden Eisenbahnanschlusses (s. *Kap. 3.2*) nicht gerade optimal ist. Außerdem konnte Tunis seine Position als wichtigster Passagierhafen Tunesiens nach dem durch die Entkolonisierung bedingten Rückschlag wieder stark ausbauen. Wurde während der Kolonialzeit der Passagierverkehr vorwiegend von der im Lande ansässigen europäischen Bevölkerungsgruppe (1956: 255 000) getragen, deren Abzug die Passagierzahlen zwischen 1954 und 1960 um die Hälfte reduzierte (s. *Tab. 13*), so sind es heute die tunesischen Gastarbeiter in Europa und die motorisierten Touristen, welche die Passagierschiffe füllen. Moderne Autofähren, die Tunis mit Marseille, Genua und Palermo—Neapel verbinden, haben die klassischen Passagierdampfer ersetzt. Auch im Güterverkehr spielen die Autofähren eine zunehmende Rolle, nachdem hochwertige und eilige Waren von Lastkraftwagen im Roll on-Roll off-Verkehr zwischen Tunesien und Europa transportiert werden. Diese Verkehrsart wird besonders zum Gütertransport zwischen den europäischen Stammwerken und ihren Zweigwerken in Tunesien benutzt, die seit 1973 in größerer Zahl entstanden sind.

5.2.5 Sousse

Der Hafen von Sousse, der 1893—1899 erbaut wurde (G. MEUNIER 1952, S. 36), sollte das agrarische Hinterland des Sahel von Sousse und der Steppenregion um Kairouan erschließen. Die Eisenbahnlinie nach Kasserine—Henchir Souatir erweiterte zeitweise sein Hinterland bis in das südtunesische Phosphatrevier. Seit den Kriegszerstörungen im Jahre 1943, welche Stadt und Hafen stark trafen, wurde jedoch die Phosphatausfuhr, welche 1937 in Sousse noch ein Volumen von 284 000 t gehabt hatte (E. GUERNIER 1948, S. 370), ausschließlich über Sfax geleitet. In der Postkolonialzeit ging dem Hafen auch noch der Export des Halfagrases verloren, das jetzt so gut wie vollständig in Kasserine zu Zellulose und Papier verarbeitet wird. Außerdem macht sich heute die Nähe der modernen Häfen von Tunis (150 km) als Konkurrenz bemerkbar, so daß der Umschlag nur in manchen Jahren wieder die Ziffern zwischen den beiden Weltkriegen erreicht. Das wichtigste Exportgut ist heute das Seesalz aus den in der Nähe gelegenen Salinen (1968: 129 000 t; 1975: 79 000 t), während die Importgüter (Getreide, Zement) von Jahr zu Jahr stark variieren.

Tabelle 14   Die Verkehrsentwicklung des Hafens von Sousse

		1920	1930	1960	1965	1968	1970	1975
Güterempfang	(1 000 t)	42	56	36	84	73	118	301
Güterversand	(1 000 t)	128	373	134	231	172	153	99
Güterumschlag	(1 000 t)	170	429	170	315	245	271	400

Quellen: E. GUERNIER 1948, S. 370; — ANNUAIRE STATISTIQUE DE LA TUNISIE 1963, S. 113; — 1964—1965, S. 129; — 1968, S. 146; — 1970—1971, S. 337; — 1975—1975, S. 279. 279

5.2.6 Sfax

Die Stadt Sfax ist eine arabische Gründung des 8. oder 9. Jahrhunderts, seit dem 10. Jahrhundert sind seine Funktionen als Handelshafen der südlichen Steppenregion überliefert. Da die Küste hier sehr flach seewärts einfällt, konnten in der Vorkolonialzeit nur Boote mit geringem Tiefgang den kleinen Handels- und Fischereihafen anlaufen, die größeren Schiffe mußten auf Reede, etwa 4 km von der Stadt entfernt, ankern (R. FITZNER 1895, S. 246). Erst die Erschließung der südtunesischen Phosphatlager führte 1897—1899 zum Bau eines modernen Hafens. Er ist vom Meer aus über eine 7 km lange, künstliche Fahrrinne von 11 m Tiefe erreichbar, die durch ständige Baggerarbeiten offengehalten werden muß. Da er nur von Schiffen bis maximal 25 000 t angelaufen werden kann, ist er für die großen modernen Massengutfrachter nicht zugänglich. Man wird daher für die Zukunft einen Bedeutungsschwund annehmen dürfen, wenn erst einmal der moderne Hafen Gabès eine direkte Bahnverbindung zur Phosphatregion haben wird.

Tabelle 15   Die Verkehrsentwicklung des Hafens von Sfax

		1910	1929	1960	1965	1968	1970	1975
Güterempfang	(1 000 t)	88	188	295	475	483	556	896
Güterversand	(1 000 t)	979	2 388	1 725	2 628	2 921	2 397	1 974
Güterumschlag	(1 000 t)	1 067	2 576	2 020	3 103	3 404	2 953	2 870

Quellen: PROTECTORAT FRANÇAIS 1932, S. 210—211; — ANNUAIRE STATISTIQUE DE LA TUNISIE 1963, S. 113; — 1964—1965, S. 129; — 1968, S. 146; — 1970, S. 337; — 1974—1975, S. 279

Die Funktion des Hafens von Sfax hat sich seit seiner Eröffnung (1899) nur wenig verändert, er ist einseitig auf den Export von Rohphosphaten und Phosphatdünger ausgerichtet, die über 90 % des Versands bestreiten. Die restlichen Posten bilden Seesalz aus der Saline von Sfax (1975: 110 000 t) sowie Olivenöl (32 000 t). Der Hafenumschlag schwankt daher recht stark in Abhängigkeit von der Welt-Phosphatkonjunktur. Bemerkenswert ist dagegen, ähnlich wie in den anderen Häfen des Maghreb, der Anstieg des Güterempfangs (s. *Tab. 15*). Den größten Posten bilden auch hier wieder die flüssigen Brennstoffe aus der Raffinerie Bizerte (1968: 191 000 t; 1975: 358 000 t), sowie eine breite Palette von diversen Gütern (Schwefel, Zement, Stahl, Holz, Getreide, sonstige Lebensmittel). Die Stadt Sfax hat Versorgungsfunktionen für die gesamte Südhälfte des tunesischen Staatsgebietes.

5.2.7 La Skhira

Einen Sonderfall unter allen tunesischen Häfen bildet die 1958—1960 erbaute Löschbrücke La Skhira. Der im Galf von Gabès gelegene Hafen ist ausschließlich auf die Verladung von Erdöl spezialisiert, das von den 3 Pipelines von In Amenas und El Borma, Douleb und Sidi Itayem antransportiert wird (s. *Fig. 14*). Die gesamte Anlage untersteht auch heute noch der französischen Gesellschaft TRAPSA und nicht dem tunesischen

„Office des Ports Nationaux" (K. Schliephake 1975, S. 111—112). Folglich erscheint der Umschlag des Hafens auch in keiner amtlichen tunesischen Statistik. Da der Versand zu 75 % vom algerischen Öl abhängig ist, schwankt er zwischen 9 und 13 Mio. t, je nachdem, welcher Leitung die algerische SONATRACH den Vorzug gibt (s. auch *Tab. 9*).

5.2.8 Gabès

Schon im tunesischen Zehnjahresplan von 1962 wird der Gedanke eines industriellen Entwicklungspols für Südtunesien angesprochen (A. Arnold 1979, S. 102), war doch der aride Süden des Landes seit dem 19. Jahrhundert hinter der Entwicklung des Nordens zurückgeblieben, so daß sich ein krasses Nord-Süd-Gefälle herausgebildet hatte. Der Grundgedanke war, die im Süden vorhandenen Bodenschätze — Phosphate, Erdöl, Erdgas, Gips — als Basis einer chemischen Industrie zu verwerten. Voraussetzung für die Ansiedlung von chemischen Grundstoffindustrien, die auf Massenguttransport angewiesen sind, war der Bau eines Hafens. Als Standort wurde die Oase Gabès gewählt, da dieser Küstenpunkt den Phosphatvorkommen in der Luftlinie am nächsten liegt und seeschifftiefes Wasser in kurzer Distanz von der Küste erreicht wird. Die Becken haben eine Tiefe von 12,5 m und können Schiffe bis 50 000 t aufnehmen. Die Bauarbeiten dauerten von 1968 bis 1975; auf der Karte N 13 ist folglich nur der unbedeutende Umschlag des alten Handelshafens von Gabès ausgewiesen.

Der Bau des Hafens Gabès war nicht nur für die neue angesiedelten Industrien (unter anderem Phosphorsäure- und Phosphatdüngerfabrik, Zementwerk) eine infrastrukturelle Voraussetzung, er war auch nötig für die geplante Steigerung der tunesischen Phosphatausfuhr. Der Hafen Sfax ist bei einem Umschlag von 4 Mio. t ausgelastet, sein Ausbau würde wegen der geschilderten Wassertiefen unverhältnismäßig hohe Kosten verursachen. Der neue Hafen von Gabès kann aber erst dann seinen optimalen volkswirtschaftlichen Nutzen erreichen, wenn erstens die tunesische Phosphatförderung von jetzt 3—4 auf 6—7 Mio. t gesteigert wird und zweitens die direkte Bahnverbindung Gafsa—Gabès gebaut wird. Vorerst ist die Anlage noch weit von ihrem Umschlagziel von 4—6 Mio. t entfernt. 1975 wurde ein Umschlag von 460 000 t erzielt, wobei 205 000 t auf den Export (davon 171 000 t Phosphorsäure) und 255 000 t auf den Import — vor allem Zement (134 000 t) für libysche Rechnung — entfielen (Annuaire Statistique de la Tunisie 1974—1975, S. 279).

5.2.9 Die kleinen Seehäfen im östlichen Maghreb

Die Errichtung von modernen Hafenanlagen seit der Mitte des 19. Jahrhunderts hatte zur Folge, daß sich der Seeverkehr auf diese wenigen Punkte konzentrierte. Die zahlreichen kleinen Häfen aus der Segelschiffzeit verloren an Bedeutung. Einige beschränkten sich auf den episodischen Umschlag von lokalen Produkten, wie z. B. Kork in Collo (s. *Fig. 18*), El Kala und Tabarka, die Mehrzahl verlor aber ihren gesamten Güterumschlag und hat nur noch als Fischereihafen eine gewisse Bedeutung. Somit läßt sich im östlichen Maghreb der gleiche Konzentrationsprozeß der Häfen beobachten, den Taaffe, Morrill et al.

Figur 18 Der Hafen von Collo (Algerien) gehört noch zum Typ des älteren, ungeschützten Reede-hafens. Hauptumschlaggut ist die Korkrinde — ein Stapel ist am Kai sichtbar —, die mit den im Bild sichtbaren Leichtern zu den auf Reede liegenden Schiffen transportiert wird. 20. 3. 1969

(1970, S. 344) für die westafrikanische Küste als gesetzmäßige Sequenz beschrieben haben. Dieser Prozeß ist besonders an der tunesischen Ostküste gut zu beobachten, die aus küstenmorphologischen Gründen eine wesentlich größere Zahl von Häfen besaß als die Nordküste, die auf weiten Strecken als unzugängliche Steilküste ausgebildet ist. Noch E. GUERNIER gibt 1948 (S. 360) neben den 5 Hauptumschlagplätzen Tunesiens 18 kleinere Häfen an, die für den Güterumschlag zugelassen waren: Tabarka, Porto Farina, Sidi Daoud, Kélibia, Nabeul, Hammamet, Monastir, Mahdia, La Chebba, Kerkennah, La Skhira, Gabès, Adjim, Houmt Souk, Aghir, El Kantara, Zarzis, Marsa Ksiba. Mit Aus-nahme von Tabarka, La Skhira und Gabès, die in der Postkolonialzeit ausgebaut wurden, und dem Hafen der Kerkennah-Inseln, sind diese Hafenplätze heute nur noch für die Fischerei von Bedeutung. Mit dieser Verkehrskonzentration sind auch die 30-t-Segel-boote, die die kleinen Häfen anlaufen konnten, selten geworden (s. *Fig. 19*).

Eine rein regionalwirtschaftliche Maßnahme war der Ausbau des Hafens von Tabarka für kleinere Frachtschiffe und Fischkutter, der 1968—1973 mit deutscher Hilfe durchge-führt wurde. Dem Städtchen (1975: 3 140 Einwohner), das einige holz- und korkverarbei-tende Betriebe sowie eine moderne Fliesenfabrik besitzt, ist die Rolle eines kleinen Ent-wicklungspols für das dicht besiedelte und von starker Abwanderung erfaßte Bergland der Kroumirie zugedacht. Der Handelshafen soll Kork und Korkerzeugnisse sowie Hartwei-

Figur 19 Küstensegelschiff im Hafen von Houmt Souk (Djerba). Diese 2-Mast-Barken von etwa 30 t Ladefähigkeit waren früher die Hauptträger der Küstenschiffahrt an der tunesischen Ostküste, sie sind heute selten geworden. 20. 3. 1968

zen exportieren. Da aber die gesamte tunesische Korkernte nur 8 000—10 000 t erbringt, muß man den wirtschaftlichen Sinn dieser Maßnahme bezweifeln. Größere Auswirkungen könnte die Einrichtung des Fischereihafens haben, da die tunesische Nordküste noch wenig befischt wird; die Anlandungen stiegen von 168 t (1970) auf 661 t (1975).

5.3 Die Raumwirksamkeit der Seehäfen im östlichen Maghreb

In der umfangreichen Untersuchung der GROUPE HUIT über das tunesische Staatsgebiet (1971, Band 1, S. 266—271) wurde auch das jeweilige Hinterland der großen Häfen abgegrenzt. Für den algerischen Anteil der Karte N 13 wurden die Einflußbereiche von Skikda und Annaba nach der Kenntnis der Verkehrsströme vom Verfasser selbst vorgenommen (s. *Fig. 20*). Dabei zeigt sich, daß die beiden algerischen Häfen ein streifenförmiges Einzugsgebiet haben, welches von der Küste bis zum Sahararand reicht; das Rückgrat bildet die jeweilige Penetrations-Eisenbahnlinie. In Tunesien dominiert der Hafen von Tunis im Norden des Landes bis zur algerischen Grenze; sein Hinterland schließt sogar den Raum Bizerte ein, nachdem dessen Hafen auf wenige Produkte spezialisiert ist. Der Hafen Sousse versorgt heute nur noch sein unmittelbar angrenzendes Hinterland, den Sahel von Sousse—Monastir und das Becken von Kairouan. Ganz Südtunesien ist dagegen auf den

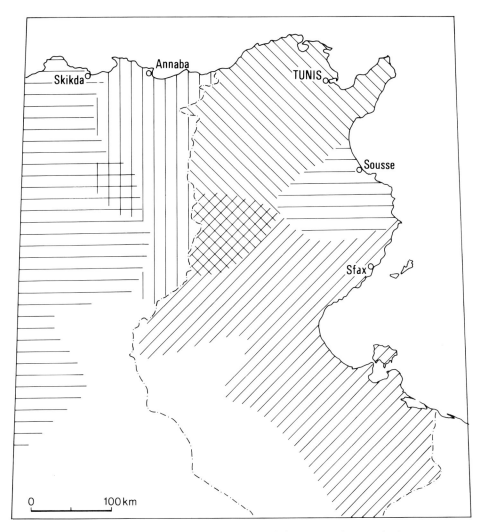

Figur 20   Die Einzugsgebiete der 5 wichtigsten Handelshäfen im östlichen Maghreb.
Quellen: GROUPE HUIT 1971, Bd. 2, S. 269 und eigene Erhebungen.

Hafen von Sfax orientiert, im Raum Kasserine überschneidet sich sein Einflußbereich mit dem von Tunis. Es bleibt abzuwarten, inwieweit der Hafen von Gabès das riesige Hinterland von Sfax beschneiden wird.

Die Karte N 13 gibt für die Jahre 1967/68 die Funktionsteilung der einzelnen Häfen wieder: La Skhira, Sfax und Annaba sind noch die Exporthäfen, deren Umschlag von einem Rohstoff (Öl, Phosphat, Eisenerz) beherrscht wird. Zu dieser Gruppe muß inzwischen auch Skikda gezählt werden. Handelshäfen mit vielseitigem und ausgeglichenem Umschlag sind eigentlich nur Tunis und — auf bescheidenem Niveau — auch Sousse. Die

Karte N 13 hält damit ein im Grunde noch kolonialwirtschaftliches Gütertauschverhältnis
fest. Inzwischen ist hier ein spürbarer Strukturwandel eingetreten, wie bei den einzelnen
Häfen gezeigt wurde. Er äußert sich einmal darin, daß die Rohstoffexporte — abgesehen
von Erdöl und Flüssiggas — rückläufig sind. Teilweise ist das zwar auf die Erschöpfung
der Lagerstätten zurückzuführen, in zunehmendem Maße macht sich aber die Veredlung
durch eigene Grundstoffindustrien bemerkbar. An die Stelle der unverarbeiteten Rohstoffe treten Halbfabrikate wie Phosphorsäure (Gabès) und Phosphatdünger, welche die
Tonnagezahlen des Exports absinken lassen. Der andere Indikator für den sozioökonomi-
schen Strukturwandel ist die überproportionale Steigerung der Importe. Addiert man den
Umschlag der 6 großen Häfen der Karte N 13 — ohne die Ölhäfen Skikda und La Skhira
aber unter Einschluß von Gabès —, so zeigt sich, daß der Güterversand von 7,431 Mio. t
(1967—1968) auf 5,852 Mio. t (1975) abgesunken ist, während gleichzeitig der Güterempf-
fang von 3,305 Mio. t auf 6,789 Mio. t anstieg. Das Verhältnis zwischen Empfang und
Versand tendiert also zum Ausgleich.

Zur Politik der Entkolonialisierung der Wirtschaft gehörte sowohl in Tunesien wie in
Algerien der Aufbau von nationalen Handelsflotten. Die tunesische Staatsreederei „Compagnie Tunisienne de Navigation" (CTN) besaß 1977 eine Flotte von 19 Schiffen, sie soll
im Zeitraum 1977—1981 um 10 Einheiten verstärkt werden (AFRIQUE TRANSPORTS 1978,
S. 44). Neben Trockenfrachtern und kleineren Tankern gehören auch 3 Phosphorsäure-
tanker zur kleinen Flotte. Mit dem 1978 in Dienst gestellten Fährschiff „Habib" versucht
die CTN, sich auch in den lukrativen transmediterranen Fährverkehr einzuschalten, der
bisher von französischen, italienischen und dänischen Reedereien beherrscht wurde. Insgesamt ist aber der Anteil der CTN am Seeverkehr Tunesiens noch sehr bescheiden: im
Jahre 1975 belief er sich auf 2,1 % bei den Exporten und 8,2 % bei den Importen (BCT,
Rapport Annuel 1975, S. 66). Dagegen transportierte die CTN in der tunesischen Küstenschiffahrt 1975 insgesamt 834 000 t, was einem Anteil von 54 % entspricht. Die Haupt-
rolle spielt hierbei die Verteilung der Erdölderivate von der Raffinerie Bizerte.

Wesentlich erfolgreicher war dagegen die 1963 gegründete algerische Staatsreederei
„Compagnie Nationale Algérienne de Navigation" (CNAN) bei der Erringung von
Marktanteilen. Allerdings war in Algerien die koloniale Abhängigkeit von französischen
Reedereien auch sehr viel drückender spürbar, war doch seit 1889 der Seetransport zwischen Frankreich und Algerien, der in der letzten Phase der Kolonialzeit 80 % des algerischen Außenhandels umfaßte, ein staatlich garantiertes Monopol der französischen Reedereien. Wie jedes Monopol war auch dieses „monopole du pavillon" mit überhöhten
Frachtraten verbunden. Neben wirtschaftlichen Gründen (Senkung der Frachtraten, Ein-
sparung von Devisen, Schaffung von Arbeitsplätzen) führten auch politische Erwägungen
zum raschen Aufbau der nationalen Handelsflotte: sie soll durch regelmäßige Liniendienste mit den übrigen afrikanischen und arabischen Ländern der allzu einseitigen Ausrichtung der Schiffahrtslinien auf Europa begegnen. Die CNAN besaß 1978 64 Schiffe mit
zusammen 1 371 000 tdw; zusammen mit gecharterten Einheiten beschäftigt sie permanent
über 100 Schiffe. Der Schiffspark umfaßt neben Trockenfrachtern verschiedener Größe
auch Öl-, Flüssiggas- und Weintanker, 13 Ro-Ro-Schiffe und 5 Autofähren (P. BALTA
1979, S. 53). Sie unterhält 24 Liniendienste mit 70 Staaten und transportierte 1977,
3,1 Mio. t Güter, was einem Anteil von 25 % am algerischen Außenhandel (ohne Kohlen-

wasserstoffe) entsprach. Algerien hat, was den Seeverkehr betrifft, die Entkolonialisierung beachtlich vorangetrieben. Die Flotte der CNAN zählt heute zu den größten Afrikas und der arabischen Welt.

6 Der Luftverkehr

Der Luftverkehr gewinnt im Maghreb, wie überall in der Welt, zunehmend an Bedeutung. Auf den tunesischen Flughäfen dominiert der internationale Flugverkehr, der Binnenverkehr ist in dem relativ kleinen Land unbedeutend. In Algerien spielt aufgrund der weiten Entfernungen auch der Binnenflugverkehr neben dem internationalen Verkehr eine wichtige Rolle. Der Aufbau von nationalen Luftflotten und die Einrichtung von Fluglinien in der Postkolonialzeit war Teil des Unabhängigkeitsstrebens der beiden Maghrebstaaten. Die Anfänge des zivilen Luftverkehrs in den Maghrebstaaten datieren bereits aus den zwanziger Jahren. Als erste Linien wurden die Verbindungen Marseille—Tunis (1927) und Marseille—Algier (1928) eröffnet. Ihnen folgten 1929 eine Reihe von Verbindungen zu italienischen Flughäfen (Rom, Palermo, Cagliari, Tripolis) (E. RIEUMAS 1972, S. 31). Außerdem bildete Tunis damals eine wichtige Etappe für 7 Fernfluglinien (E. GUERNIER 1948, S. 415). Der Zweite Weltkrieg unterbrach zwar den zivilen Flugverkehr, dafür wurde aber der Maghreb mit einer Vielzahl von militärischen Flugplätzen ausgestattet. Neben Dutzenden von Feldflugplätzen, die längst wieder verlassen sind, wurden für die alliierte Bomberflotte auch einige Großflughäfen errichtet, welche nach dem Krieg in Verkehrsflughäfen umgewandelt wurden. Die Flughäfen Tunis-Carthage und Djerba-Mellita gehen z. B. auf derartige militärische Anlagen zurück.

Noch während der Kolonialzeit, im Jahre 1948, wurde die tunesische Fluggesellschaft Tunis Air gegründet. An ihrem Kapital war freilich die Air France anfangs mit 51 %, das Protektorat Tunesien mit 49 % beteiligt. Da auch das fliegende Personal und die Führungskräfte Franzosen waren, konnte Tunis Air bis Mitte der sechziger Jahre als Tochtergesellschaft der Air France betrachtet werden. 1957 übernahm zwar der tunesische Staat die Kapitalmehrheit, doch wurden die engen technischen und kommerziellen Verbindungen zur früheren Muttergesellschaft beibehalten. Die kleine Flotte bestand in den fünfziger Jahren aus zweimotorigen Propellermaschinen vom Typ DC 3. Ab 1961 wurden 4 Düsenflugzeuge vom Typ Caravelle eingeführt, die 1977 durch die modernere Boeing 727/200 ersetzt wurden. Tunis Air verfügte Ende 1977 über 10 Boeing 727, d. h. über Düsenflugzeuge für Mittelstrecken (STB, RAPPORT ANNUEL 1977), ausgesprochene Langstreckenflugzeuge sind nicht vorhanden. Speziell für den Binnenflugverkehr wurde 1974 eine Tochtergesellschaft Tunisavia gegründet. Mit ihren kleinen Maschinen steht sie auch für Bedarfsflüge (Pipelineüberwachung, Krankentransport) zur Verfügung.

In Analogie zum Aufbau seiner Handelsflotte forcierte der algerische Staat auch das Wachstum seiner Zivilluftfahrt als Symbol der wirtschaftlichen Unabhängigkeit. Die Air Algérie wurde 1962, zunächst als rein französische Gesellschaft, gegründet. Algerisches fliegendes Personal war damals nicht vorhanden. Bis 1972 hatte der algerische Staat schon 100 % des Kapitals übernommen, der Anteil der Algerier am fliegenden Personal lag in diesem Jahr bereits bei 50 % und wird laufend erhöht (E. RIEUMAS 1972, S. 36). An fliegendem Gerät besaß die Air Algérie 1977 insgesamt 29 Maschinen, darunter 6 Boeing 727, 12 Boeing 737, 4 Convair 640 sowie einige kleinere Flugzeuge für den Binnenflugverkehr (A. Tareb 1979, S. 25).

6.1 Die Flughäfen

Die Karte N 13 enthält unter dem Stichjahr 1970 die 5 internationalen Flughäfen Constantine, Annaba, Tunis-Carthage, Monastir-Skanès und Djerba-Mellita. Als sechster Platz wurde 1978 der Flughafen Tozeur eröffnet, der primär für den Touristenverkehr zu den südtunesischen Djeridoasen bestimmt ist; er ist auf der Karte N 13 noch nicht enthalten.

Diese internationalen Flughäfen sind mit Betonpisten von 2 400—3 300 m Länge und mit modernen Navigationseinrichtungen ausgestattet, so daß sie zumindest von Mittelstrecken-Düsenflugzeugen (Typ Caravelle, Boeing 737) angeflogen werden können. Die zahlreichen kleineren Landeplätze der Karte N 13 besitzen in der Mehrzahl lediglich natürliche Landepisten, sie sind für Geschäfts- und Reiseflugzeuge geeignet. Der auf der Karte N 13 noch verzeichnete Flugplatz von Skikda wurde inzwischen aufgelassen, da sein Gelände für die Industrieansiedlung benötigt wurde.

6.1.1 Constantine und Annaba

Das überragende Luftverkehrszentrum Algeriens ist selbstverständlich der Flughafen der Hauptstadt Algier, Dar el Beida. Auf ihn entfielen 1969 61,7 % und 1975 60,9 % des Passagieraufkommens aller algerischer Flughäfen. Die beiden ostalgerischen Plätze spielen dagegen nur eine untergeordnete Rolle, Constantine erreichte 1969 einen Anteil von 6,9 % und 1975 von 12,4 %, während Annaba auf 7,5 % (1969) und 7,2 % (1975) kam. Beide Plätze üben die Funktionen von Regionalflugplätzen für Ostalgerien aus.

Tabelle 16   Die Verkehrsentwicklung der Flughäfen Constantine und Annaba

	1968	1969	1970 (1 000 Passagiere)	1974	1975
Constantine					
Internationaler Verkehr	71	78	78	205	244
Binnenverkehr	13	10	16	42	62
Summe	84	88	94	247	306
Annaba					
Internationaler Verkehr	56	76	48	83	101
Binnenverkehr	13	20	28	64	77
Summe	69	96	76	147	178
Passagiere aller algerischen Flughäfen	1 021	1 275	1 193	2 023	2 460

Quellen: Annuaire Statistique de l'Algérie, 1970, S. 183; — 1972, S. 155; — 1974—1975, S. 272

Constantine ist sehr viel stärker in den internationalen Verkehr eingebunden als Annaba (s. *Tab. 16*), spielt sich doch der Passagierverkehr Constantines zu 80 % mit dem Ausland ab, derjenige Annabas nur zu 57 %. Die unterschiedlichen Funktionen der beiden in der Luftlinie nur 130 km voneinander entfernten Flughäfen erklären sich aus dem hohen Anteil algerischer Gastarbeiter unter den Passagieren des Flughafens Constantine. Zu seinem Einzugsbereich zählen die kleine Kabylei und der Aurès, zwei wichtige Rekrutierungsgebiete für algerische Arbeiter in Europa. Im Unterscheid zu den tunesischen Flughäfen ist der Anteil der Touristen in beiden Flughäfen unbedeutend.

Der kleine Landeplatz von Touggourt wird jährlich von etwa 5 000 — 6 000 Passagieren benutzt.

6.1.2 Tunis-Carthage

Der Flughafen Tunis-Carthage ist nach Passagieraufkommen und Vielfalt der Verkehrsverbindungen mit Abstand der bedeutendste Platz der Karte N 13. Die Anlage ging aus einem 1944 fertiggestellten Militärflughafen hervor, der 1970 — 1972 beträchtlich erweitert wurde. Er verfügt über 2 Landebahnen von 2 400 und 3 200 m Länge, eine dritte Bahn ist geplant (H. M'ZABI 1976, S. 131). Mit 1 517 000 Passagieren hatte dieser Platz 1977 einen Anteil von 66,2 % des Personenverkehrs aller drei Verkehrsflughäfen Tunesiens (ONTT 1977, S. 67), sein Anteil am Linienverkehr belief sich sogar auf 93,3 % der Passagiere.

Tabelle 17   Die Entwicklung des internationalen Verkehrs auf den tunesischen Flughäfen

	1963	1971	1972	1973	1974	1975	1976	1977
				(1 000 Passagiere)				
Tunis-Carthage								
Linienverkehr	209	601	938	706	879	1 140	1 197	1 282
Charterverkehr	—	401	610	495	316	302	341	235
Summe	209	1 002	1 548	1 201	1 195	1 442	1 538	1 517
Monastir-Skanès								
Linienverkehr	—	2	3	6	7	26	36	27
Charterverkehr	—	153	241	290	259	510	530	518
Summe	—	155	244	296	266	536	566	545
Djerba-Mellita								
Linienverkehr	—	1	7	11	27	49	65	65
Charterverkehr	—	120	160	116	114	172	179	162
Summe	—	121	167	127	141	221	244	227
Tunesien insgesamt								
Linienverkehr	209	604	948	723	913	1 215	1 298	1 374
Charterverkehr	—	674	1 011	901	689	984	1 050	915
Summe	209	1 278	1 959	1 624	1 602	2 199	2 348	2 289

Quellen: ANNUAIRE STATISTIQUE DE LA TUNISIE 1963, S. 112; — ONTT, LE TOURISME EN CHIFFRES 1971, S. 19; — 1972, S. 71; — 1974, S. 73; — 1975, S. 77; — 1977, S. 67

Aus *Tabelle 17* wird die rasche Zunahme der Passagierzahlen des Flughafens Tunis-Carthage von 209 000 (1963) auf 1 Mio. (1971 = Stand der Karte N 13) und 1,5 Mio. (1977) erischtlich. Von allen tunesischen Flughäfen ist er der einzige, der sich überwiegend auf den Linienverkehr stützt. Der Anteil des Charterflugverkehrs in Tunis ist seit Eröffnung der Flughäfen von Monastir-Skanès und Djerba-Mellita, die näher zu einigen wichtigen Fremdenverkehrsgebieten liegen, von 39,4 % des Passagieraufkommens (1972) auf 15,5 % (1977) gefallen; in absoluten Zahlen hat sich die Zahl der Charterflugpassagiere in Tunis seit dem Höhepunkt 1972 auf weniger als die Hälfte verringert (s. *Tab. 17*). Das Einzugsgebiet für den Charterflugverkehr umfaßt heute nur noch die nordtunesischen Fremdenverkehrsgebiete Bizerte, Tunis und teilweise Hammamet-Nabeul. Die Hauptfunktion des Flughafens von Tunis ist heute eindeutig der Linienverkehr, er wird heute (1979) regelmäßig von 21 Liniengesellschaften angeflogen. Über seine Funktionen für Geschäftsreisende, Individualtouristen und Gastarbeiter hinaus ist der Flughafen von Tunis heute der wichtigste Ziel- und Ausgangspunkt für den Personenreiseverkehr zwischen Tunesien und dem Ausland, nachdem der Straßenverkehr mit den maghrebinischen Nachbarländern sehr gering ist (s. *Kap. 2.2*) und auch der Fährverkehr trotz des jüngsten Aufschwungs (s. *Tab. 13*) nur etwa 15 % des transmediterranen Personenverkehrs bewältigt. Verkehrsgeographisch kann Tunesien durchaus mit einer Insel verglichen werden, deren Personenverkehr mit dem Ausland heute vorwiegend mit dem Flugzeug abgewickelt wird. Die zunehmende wirtschaftliche Verflechtung Tunesiens mit Europa hat auch das Luftfrachtvolumen in Tunis-Carthage von 3 570 t (1967) auf 7 308 t (1972) anwachsen lassen (M. BEN AMAR 1974, S. 8).

6.1.3 Monastir-Skanès, Djerba-Mellita, Tozeur

In den sechziger und siebziger Jahren hat Tunesien nicht weniger als 3 internationale Flughäfen erstellt: Monastir-Skanès, Djerba-Mellita und Tozeur. Mit 4 Flughäfen ist das relativ kleine Land nun reichlich ausgestattet. Der Bau dieser 3 Plätze erfolgte primär aus regionalpolitischen Motiven. Sie bilden eine infrastrukturelle Voraussetzung für die Entwicklung des Fremdenverkehrs in den peripheren Räumen Tunesiens und sollen darüber hinaus ihren Regionen sozioökonomische Entwicklungsimpulse geben. „Leur rôle ne consiste pas seulement, comme certains le pensent, à enregistrer le trafic des compagnies aériennes, . . ., mais aussi à créer des conditions favorables au développement économique et à offrir des possibilités toutes particulières pour la mise en valeur de la région desservie" (M. BEN AMAR 1974, S. 7). Ob der Aufwand für den Bau eines Flughafens den entsprechenden volkswirtschaftlichen Ertrag abwerfen wird, muß zumindest im Fall von Tozeur bezweifelt werden.

Der Flughafen Djerba-Mellita, 6 km westlich des Hauptorts Houmt Souk gelegen, ging aus einem Militärflugplatz des Zweiten Weltkriegs hervor. Er wurde ab 1962 mit einer Landebahn von 3 100 m Länge und einem modernen Empfangsgebäude ausgestattet. Seine Verkehrsentwicklung ist eng mit dem Aufschwung des Fremdenverkehrs auf der Insel und im Raum Zarzis verbunden, der Charterverkehr dominiert. Seit 1973 erlebt aber auch der Linienverkehr einen Aufschwung (s. *Tab. 17*). Dies ist vorwiegend der innertunesischen Linie zu verdanken, die vor allem von den in Nordtunesien arbeitenden Inselbewohnern benutzt wird. Bei ihren regelmäßigen Reisen in die Heimat ziehen sie neuerdings das Flugzeug der strapaziösen Fahrt im Auto (Tunis—Djerba ca. 500 km) vor.

Der Flughafen von Monastir-Skanès, ab 1968 zwischen den Städten Monastir (7 km) und Sousse (14 km) in einer Sebkha (Salzsee) erbaut, besitzt eine Piste von 2 400 m und ein modernes Empfangsgebäude im gleichen Stil wie dasjenige von Djerba (H. M'ZABI 1976, S. 133). Dank dem großen Fremdenverkehrsraum des Sahels von Sousse—Monastir (1977: 18 700 Betten, 2,9 Mio. Ausländerübernachtungen) hat der Flughafen seine Passagierzahlen in wenigen Jahren auf über eine halbe Million steigern können. Die Hotels liegen nur wenige Kilometer vom Flugplatz entfernt, der Transfer der Touristen ist somit mit geringem Zeit- und Kostenaufwand verbunden. Das Passagieraufkommen wird zu 95 % vom Charterverkehr getragen, entsprechend hoch ist die Abhängigkeit von der Fremdenverkehrssaison.

Die Bauarbeiten am Flughafen Tozeur begannen 1975. Im Jahre 1978 wurde der Flugbetrieb eröffnet, der Platz ist daher in der Karte N 13 noch nicht enthalten. Er entstand auf einer Fläche, die 3 km von Tozeur und 23 km von der Oase Nefta entfernt ist. Sein Hauptziel ist die Steigerung des Fremdenverkehrs im Raum Gafsa—Tozeur (1977: 3 600 Betten, 294 000 Übernachtungen), der in den südtunesischen Oasen die wichtigste nichtlandwirtschaftliche Erwerbsquelle darstellt. Die Landebahn von 3 225 m Länge erlaubt den direkten Anflug auch von großen Düsenflugzeugen — Typ Airbus — aus Mitteleuropa. Daneben ist aber auch an einen Ausflugsverkehr aus den großen Fremdenverkehrszentren an der Küste gedacht. Den Touristen, die für 1—2 Tage einen Abstecher in die Wüste machen wollen, würde die lange Anfahrt im Bus erspart.

6.2 Die Flugverkehrsströme

Die auf der Karte N 13 dargestellten Verkehrsströme geben das wöchentliche Sitzplatzangebot der Fluglinien, also die Transportkapazität, nicht die tatsächliche Transportleistung wieder. Der Charterflugverkehr kann wegen seines unregelmäßigen Auftretens und wegen seiner starken saisonalen Schwankungen nicht in die Luftverkehrsbänder eingearbeitet werden. Mit dieser Einschränkung muß man die Flugverkehrsströme auf der Karte N 13 betrachten. Die Flugfrequenzen wurden nach dem ABC WORLD AIRWAYS GUIDE für August 1970 berechnet. Die Karte N 13 gibt somit die Verkehrsströme für die Hochsaison wieder, im Winterhalbjahr ist die Zahl der Linienflüge deutlich geringer. So sank z. B. die Zahl der wöchentlichen Flüge auf der mit Abstand wichtigsten Strecke Tunis—Paris von 26 im August 1970 auf 16 im Winterhalbjahr 1971/1972.

Hervorstechendstes Merkmal der Flugverkehrsströme im östlichen Maghreb ist ihre nach wie vor einseitige Ausrichtung auf Europa, insbesondere auf die ehemalige Kolonialmacht Frankreich. Bei Einbeziehung der Charterflüge würde sich dieses Bild noch verstärken. Nach H. M'ZABI (1976, S. 146) entfielen 1972 etwa 88 % des tunesischen Luftverkehrs — gemessen an den Passagierzahlen — auf die Verbindungen zu europäischen Flughäfen. Von den 5 internationalen Flughäfen der Karte N 13 hat lediglich Tunis mit Direktverbindungen zu etwa 40 Flughäfen in 30 Staaten ein relativ vielfältiges Angebot. Zusammen mit dem Charterflugverkehr verstärkt sich noch das Bild der den Meridianen folgenden, europaorientierten Luftverkehrsströme im östlichen Maghreb.

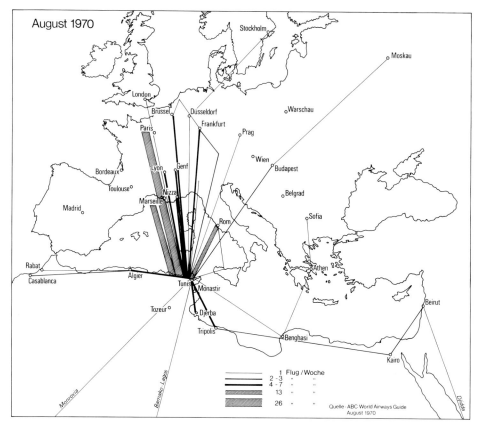

Figur 21   Die regelmäßigen, direkten Flugverbindungen des Flughafens Tunis-Carthage im August 1970.

Im Sommer 1970 bestanden vom Flughafen Tunis-Carthage aus insgesamt 102 Linienverbindungen in der Woche zu ausländischen Flughäfen (s. *Fig. 21*). Davon verbanden allein 55 Flüge mit französischen Zielen, hauptsächlich Paris (26) und Marseille (20) sowie Lyon (5) und Nizza (4). 15 Flüge führten nach Italien, 6 in die Bundesrepublik Deutschland und je 4 in die Schweiz und in die Beneluxländer. Für den geringen Reiseverkehr mit den Balkanländern und Osteuropa genügten 4 Linien.

Seit 1970 hat sich die Ausrichtung auf West- und Mitteleuropa noch verstärkt. Im September 1979 bestanden vom Flughafen Tunis aus 167 internationale Flugverbindungen (ABC WORLD AIRWAYS GUIDE September 1979). Davon führten 115 nach West- und Mitteleuropa, französische Zielflughäfen standen mit 83 Verbindungen an der Spitze. Die Strecke Tunis—Paris hatte mit 36 Verbindungen in der Woche ihre dominierende Position noch verstärken können, daneben werden jetzt weitere Plätze wie Toulouse und Bordeaux (4mal) sowie Mühlhausen und Straßburg (je 1mal) von Tunis Air und Air France angeflogen. Zu den Ländern Osteuropas und des Balkan bestehen mit 6 Verbindungen

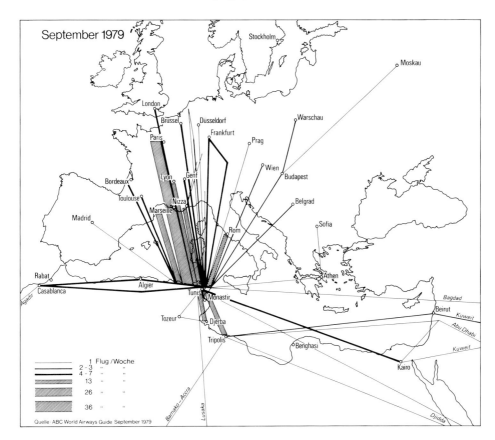

Figur 22   Die regelmäßigen, direkten Flugverbindungen des Flughafens Tunis-Carthage im September 1979.

weiterhin nur geringe Verkehrsspannungen. Überdurchschnittlich verstärkt wurden die Verbindungen zur arabischen Welt. Genügten 1970 6 Verbindungen nach Algier und Marokko, so waren es 1979 bereits 11. Tripolis wurde 1970 4mal und 1979 15mal angeflogen. Die wachsende politische und wirtschaftliche Bedeutung der arabischen Staaten des Vorderen Orients macht sich in einer Erhöhung der Flüge von 2 (1970) auf 13 (1979) bemerkbar. Von Tunis aus bestehen jetzt Direktverbindungen zu fast allen wichtigen Entscheidungszentren des Vorderen Orients (s. *Fig. 22*). Die Linie nach Djidda dient vorwiegend dem Pilgerverkehr zu den heiligen Stätten des Islam, allerdings wird die Masse der Mekkapilger mit Charterflügen befördert. Air Algérie bot z. B. für die Pilgerreisen im Oktober 1979 insgesamt 77 Flüge mit Großraumflugzeugen (DC 8, B 747) von verschiedenen Flughäfen Algeriens nach Djidda an (EL MOUDJAHID 24. 9. 1979, S. 11). Der intermaghrebinische Verkehr war 1972 nur mit 2,5 % am Passagieraufkommen der tunesischen Flughäfen beteiligt, die Länder des Vorderen Orients gar nur mit 1,2 % (H. M'ZABI 1976, S. 151). Diese Zahlen zeugen von den damals noch geringen ökonomischen Verflechtungen der arabischen Staaten untereinander. Ob sich dieses Verhältnis nach der Verlegung des Sitzes der Arabischen Liga nach Tunis (1979) ändern wird, bleibt abzuwarten. An den West-Ost-Verbindungen innerhalb der arabischen Welt ist eine Vielzahl von staatlichen Fluggesellschaften (Royal Air Maroc, Air Algérie, Tunis Air, Libyan Arab Airlines, Egypt Air, Syrian Arab Airlines, Saudair, Iraqi Airways, Kuwait Airways) beteiligt, die Tunis meist nur 1—2mal wöchentlich anfliegen. Die Frage, ob alle diese Linien eher nach Rentabilitätsgesichtspunkten oder nach politischen Erwägungen betrieben werden, muß offen bleiben.

Völlig unbedeutend ist der Luftverkehr zwischen Tunis und Schwarzafrika. Von Tunis aus bestehen überhaupt nur 2 Fluggelegenheiten zu den Ländern südlich der Sahara. Die erste Strecke Stockholm—Kopenhagen—Düsseldorf—Tunis—Monrovia wurde 1970 einmal wöchentlich von der SAS beflogen, die zweite Strecke der sowjetischen Aeroflot führt von Moskau über Budapest und Tunis nach Lagos. Im Jahre 1972 kamen beide Strecken lediglich auf ein Verkehrsaufkommen von 1 500 Passagieren (H. M'ZABI 1976, S. 151). Inzwischen wurde die Linie der SAS nach Monrovia aufgegeben, dafür hat die British Caledonian Airways eine Verbindung London—Tunis—Lusaka eingerichtet. Es bestanden somit auch im Jahre 1979 lediglich zwei Verbindungen zu Schwarzafrika.

Vergleicht man die *Figuren 21* und *22*, so ist das hervorstechendste Merkmal der Entwicklung in den siebziger Jahren einmal die weitere Verstärkung der Verbindung zu Europa sowie eine ansehnliche Zahl neuer Fluglinien zu arabischen Ländern. Vom großen internationalen Fernverkehr ist der Flughafen Tunis aber weiterhin abgehängt: will man vom Maghreb aus nach Amerika, Ostasien und selbst Schwarzafrika fliegen, so muß man den Umweg über die großen europäischen Verkehrsdrehscheiben Rom, Frankfurt, London und Paris nehmen.

Die Binnenflugverbindungen spielen in Tunesien lediglich auf der Linie Tunis—Djerba mit täglich 2—3 Verbindungen eine nennenswerte Rolle, während die Passagierzahlen auf den übrigen Binnenlinien (Sfax, Gabès, Gafsa) so gering sind, daß 1970 kleine Propellerflugzeuge vom Typ Cessna ausreichten.

Wesentlich andere Dimensionen hat dagegen der Binnenflugverkehr in Algerien. Die täglich 2—3 Flüge von Algier nach Annaba und Constantine wurden 1970 noch von zweimotorigen Propellermaschinen vom Typ Convair durchgeführt, sie sind inzwischen durch Boeing 737 ersetzt worden, das Platzangebot wurde entsprechend ausgeweitet. Von großer Bedeutung ist für Algerien der Flugverkehr zu den Oasen und Öl- und Erdgasfeldern in der Sahara, der aber — abgesehen von Touggourt — sich außerhalb des Bereiches der Karte N 13 abspielt.

Die beiden nationalen Fluggesellschaften Tunis Air und Air Algérie haben ihren Marktanteil im Flugverkehr von und zu den beiden Maghrebstaaten mit Erfolg ausgedehnt. Die Tunis Air konnte ihre Passagierzahlen von 472 700 (1971) — das waren 34,4 % des Passagieraufkommens der tunesischen Flughäfen — auf 1 210 731 oder 47,5 % (1977) steigern (ONTT, LE TOURISME EN CHIFFRES 1971, S. 20; — 1977, S. 66). Für ein Entwicklungsland, das auch im Außenverkehr nach wenigstens partieller Unabhängigkeit strebt, ist dieser Anteil ein beachtliches Ergebnis. Offensichtlich ist es der Tunis Air gelungen, sich auch in den Transport der Flugtouristen, d. h. in das Chartergeschäft, einzuschalten. Außerdem beschränkt sich die Streckenpolitik Tunesiens auf die vielbeflogenen Mittelstrecken nach Europa und zu den arabischen Nachbarländern (s. *Tab. 18*). Sie überläßt die wenig ausgelasteten Strecken nach Osteuropa den dortigen staatlichen Fluggesellschaften. Das Netz der Tunis Air wird vorwiegend unter Rentabilitätsgesichtspunkten betrieben.

Tabelle 18   Das Passagieraufkommen 1975 von Tunis Air nach Hauptstrecken

	absolut	%
Frankreich	418 327	39,5
Italien	123 751	11,7
Deutschland, Österreich	140 838	13,3
Benelux	80 345	7,6
Schweiz	49 105	4,6
Großbritannien	27 224	2,6
Maghreb	20 178	1,9
Vorderer Orient	72 423	6,8
Binnenverkehr	105 843	10,0
Verschiedene Gebiete	20 792	2,0
	1 058 826	100,0

Quelle: Afrique Transport 1978, S. 46

Demgegenüber treten bei der Streckenpolitik der Air Algérie auch politische Gründe stärker in den Vordergrund. Sie betreibt von Algier aus eigene Langstrecken nach Osteuropa (Bukarest, Prag, Moskau), in den Vorderen Orient (Kairo, Djidda) und nach Schwarzafrika, wobei die sogenannten progressiven Staaten (Guinea, Guinea-Bissau, Kongo-Brazzaville und Angola) offensichtlich bevorzugt werden. Die Kehrseite dieser Streckenpolitik ist eine geringe Auslastung der Flugzeuge. Obwohl diese Strecken in der Regel nur einmal wöchentlich beflogen werden, waren 1975 die Flugzeuge auf den Osteuroparouten nur zu 39,3 % besetzt, die 13 000 Passagiere im Verkehr mit Schwarzafrika bewirkten gar nur eine Auslastung von 21,6 % (s. *Tab. 19*). Die wirtschaftlich wichtigsten

Tabelle 19   Das Passagieraufkommen 1975 von Air Algérie nach Hauptstrecken

	absolut	%	Auslastung (%)
Frankreich	676 958	46,5	66,0
West- und Mitteleuropa	99 572	6,8	50,7
Osteuropa	13 684	0,9	39,3
Mittelmeerländer	57 499	3,9	54,2
Afrika südlich der Sahara	13 022	0,9	21,6
Binnenverkehr	597 672	41,0	56,2
	1 458 407	100,0	57,1

Quelle: Annuaire Statistique de l'Algérie 1976, S. 275

Strecken sind für Air Algérie einmal die Binnenstrecken, auf denen sie ein Monopol besitzt, sowie die Verbindungen mit Frankreich, die fast die Hälfte ihres Passagierverkehrs ausmachen und die mit 66 % überdurchschnittlich ausgelastet sind. Im Frankreichverkehr teilen sich Air Algérie und Air France je zur Hälfte den Verkehr, für die algerische Gesellschaft bedeutete er 1975 noch immer fast die Hälfte ihres gesamten Passagieraufkommens.

Die beiden Maghrebstaaten waren in der Entwicklung des Luftverkehrs in der Postkolonialzeit sehr erfolgreich. Das gilt sowohl für den Ausbau der Infrastruktur (Flughäfen) wie für den Aufbau nationaler Fluggesellschaften. Die Ausrichtung des Streckennetzes auf Europa hat sich aber im Vergleich zur Kolonialzeit eher noch verstärkt. Sie spiegelt die wirtschaftliche und kulturelle Verflechtung ebenso wider, wie die neuen Reiseströme der Touristen und Gastarbeiter.

Literaturverzeichnis

ABC WORLD AIRWAYS GUIDE 1970: ABC World Airways Guide, London. August 1970.
— 1979: ABC World Airways Guide, London. September 1979.
ACHENBACH, H. 1971: Agrargeographische Entwicklungsprobleme Tunesiens und Ostalgeriens. Jahrbuch der Geographischen Gesellschaft zu Hannover für 1970. Hannover 1971.
— 1976: s. AFRIKA-KARTENWERK. Blatt N 11.
AFRIKA-KARTENWERK. Herausgegeben im Auftrage der Deutschen Forschungsgemeinschaft von U. FREITAG, K. KAYSER, W. MANSHARD, H. MENSCHING, L. SCHÄTZL, J. H. SCHULTZE †.
   Serie N: Nordafrika (Tunesien, Algerien) 32° N—37° 30′ N, 6° E—12° E.
   — Blatt 8: Bevölkerungsgeographie, 1:1 000 000. Autor: H.-G. WAGNER. Berlin·Stuttgart. 1976.
   — Beiheft 8: Bevölkerungsgeographie. Autor: H.-G. WAGNER. Berlin·Stuttgart. 1981.
   — Blatt 11: Agrargeographie, 1:1 000 000. Autor: H. ACHENBACH. Berlin·Stuttgart. 1976.
   — Blatt 12: Wirtschaftsgeographie, 1:1 000 000. Autor: A. ARNOLD. Berlin·Stuttgart. 1976.
   — Beiheft 12. Wirtschaftsgeographie. Autor: A. ARNOLD. Berlin·Stuttgart. 1980.
   — Blatt 13: Verkehrsgeographie, 1:1 000 000. Autor: A. ARNOLD. Berlin·Stuttgart. 1981.
   — Blatt 15: Historische Geographie, 1:1 000 000. Autor: D. HAFEMANN. Berlin·Stuttgart. 1977.
   — Beiheft 15: Historische Geographie. Autor: D. HAFEMANN. Berlin·Stuttgart. 1981.
AFRIQUE TRANSPORT 1978: Les transports en Tunisie dans le Ve Plan 1977—1981. In: Afrique Transport. Paris. 3 (1978), S. 41—54.
ANNALES ALGÉRIENNES DE GÉOGRAPHIE 1968: Trafics comparés des ports de l'Algérie. In: Annales Algériennes de Géographie. Algier. 3 (1968), S. 76.
ANNUAIRE STATISTIQUE DE L'ALGÉRIE (div. Jahrgänge): République Algérienne Démocratique et Populaire. Secrétariat d'Etat au Plan. Direction des Statistiques: Annuaire Statistique de l'Algérie 1970, 1972. 1976. Algier.
ANNUAIRE STATISTIQUE DE LA TUNISIE (div. Jahrgänge): République Tunisienne. Institut National de la Statistique: Annuaire Statistique de la Tunisie 1963. 1964—1965. 1967. 1968. 1970—1971. 1972—1973. 1974—1975. Tunis.
ARNOLD, A. 1973: Das algerische Eisenbahnnetz. Die Erde. Berlin. 104 (1973). S. 66—74.
— 1976: s. AFRIKA-KARTENWERK. Blatt N 12.
— 1978: Die junge Eisen- und Stahlindustrie im Maghreb. Die Erde. Berlin. 109 (1978). S. 417—444.
— 1979: Untersuchungen zur Wirtschaftsgeographie Tunesiens und Ostalgeriens. Entwicklungsprobleme der gewerblichen Wirtschaftszweige. Jahrbuch der Geographischen Gesellschaft zu Hannover für 1976. Hannover.
— 1980: s. AFRIKA-KARTENWERK. Beiheft N 12.
— 1981: s. AFRIKA-KARTENWERK. Blatt N 13.

BALTA, P. 1979: La Compagnie Nationale Algérienne de Navigation. Maghreb-Machrek. Paris. 83 (1979), S. 52—60.
BCT, RAPPORT ANNUEL 1975: Banque Centrale de Tunisie: Rapport Annuel 1975. Tunis.
BEN AMAR, M. 1974: L'aéroport et ses incidences sur l'économie nationale. Revue Tunisienne de l'Equipment. Tunis. 3 (1974), S. 7—9.
BLIN, L. 1978: L'Algérie et la route transsaharienne. Maghreb-Machrek. Paris. 82 (1978), S. 42—50.
BRANT, E. D. 1971: Railways of North Africa. The railway systems of the Maghreb. Newton Abbot.

DAY, J. 1964: Railways of Northern Africa. London.

DESPOIS. J. 1958: L'Afrique du Nord. Paris.

DIE BUNDESBAHN 1975: Tunesien plant Netzausbau durch Schnellfahrstrecken. Die Bundesbahn. Darmstadt. 51 (1975), S. 132—134.

DUMOULIN, R. 1958: La structure asymetrique de l'économie Algérienne. D'après une analyse de la région de Bône. Paris.

EITNER, K. 1979: Verkehr in Afrika. Afrika Spectrum. Hamburg. 14 (1979). S. 19—29.

EL MOUDJAHID 1979: La Société Nationale Air Algérie. Programme vols pélerinage aller-retour. El Moudjahid. Algier. 24. 9. 1979, S. 11.

FARZA, A. 1972: La situation des transports en Tunisie. Revue Tunisienne des Sciences Sociales. Tunis. 9 (1972), S. 73—101.

FITZNER, R. 1895: Die Regentschaft Tunis. Berlin.

GRANGAUD. M. 1968: Les activités portuaires comparées de Skikda et d'Annaba. Annales Algériennes de Géographie. Algier. 3 (1968), S. 36—39.

GROUPE HUIT 1971: Les villes en Tunisie. 2 Bände. Tunis.

GUERNIER, E. (Hrsg.) 1948: L'Encyclopédie Coloniale et Maritime. Tunisie. Paris.

HADDAD, F. 1976: Aéroport international de Tozeur-Nefta. Revue Tunisienne de l'Equipment. Tunis. 5 (1976), S. 5—20.

HAFEMANN, D. 1977: s. AFRIKA-KARTENWERK. Blatt N 15.

— 1981: s. AFRIKA-KARTENWERK. Beiheft N 15.

HOCHTIEF NACHRICHTEN 1974: Hafenbauten in Skikda (Algerien). Hochtief Nachrichten. Mitteilungen der Hochtief Aktiengesellschaft für Hoch- und Tiefbauten. Essen. 47 (1974), S. 1—35.

HOFMEISTER, R. 1979: Die politische Ökonomie von Verkehrsvorhaben in Afrika. Zur Einschätzung der ökonomischen, gesellschaftlichen und politischen Wirkungen von großen Eisenbahn- und Straßenprojekten. Afrika Spectrum. Hamburg. 14 (1979), S. 5—18.

HOYLE, B. S. 1973: Transport and Development. London.

INDUSTRIES ET TRAVAUX D'OUTRE-MER 1975: Les grands projets. Algérie. Industries et Travaux d'Outre-Mer. Paris. 23 (1975), S. 940—941.

— 1979: Tunisie: Chemins de fer: La SNCFT après vingt-trois ans de «tunisification». Industries et Travaux d'Outre-Mer. Paris. 27 (1979), S. 147.

INTERNATIONAL RAILWAY JOURNAL 1978: Algeria boosts spending on railway development. International Railway Journal. New York. 18 (1978), S. 32—34.

— 1978: Tunisia plans massive rail growth. International Railway Journal. New York. 18 (1978), S. 41—43.

KÄMPFE, D. 1970: Vereinigung afrikanischer Eisenbahnen. Afrika Spectrum. Hamburg. 5 (1970), S. 13—33.

KAMMERER, E. 1978: Das internationale Erdgasgeschäft. Orient Magazin. Hannover. 1 (1978), 2, S. 13—17.

L'ALGÉRIE EN QUELQUES CHIFFRES 1977: République Algérienne Démocratique et Populaire. Secrétariat d'Etat au Plan. Direction des Statistiques et de la Comptabilité Nationale: L'Algérie en quelques chiffres 1977. Algier.

LARTILLEUX, H. (Hrsg.) 1949: Géographie des chemins de fer français. Volume 3: Afrique du Nord. Paris.

LEPIDI, J. 1955: L'économie tunisienne depuis la fin de la guerre. Tunis.

MENSCHING, H. 1968 a: Bericht über Stand und Aufgaben des Afrika-Kartenwerks — Schwerpunktprogramm der Deutschen Forschungsgemeinschaft. Die Erde. Berlin. 99 (1968), S. 14—20.

— 1968 b: Tunesien. Eine geographische Landeskunde. Darmstadt.
MEUNIER, G. 1952: Le port de Sousse. Bulletin Économique et Social de la Tunisie. Tunis. 62 (1952), S. 35—54.
MEZGHANI, R. 1974: Les aspects actuels et prévisionnels de la circulation et de l'infrastructure routière en Tunisie. Revue Tunisienne de l'Equipment. Tunis. 3 (1974), S. 77—81, S. 108—110.
MIOSSEC, J.-M.; & SIGNOLES, P. 1976: Les réseaux de transport en Tunisie. Les Cahiers d'Outre-Mer, Bordeaux. 29 (1976), S. 151—194.
MZABI, H. 1976: Les transports aériens en Tunisie. Revue Tunisienne des Sciences Sociales. Tunis. 13 (1976), S. 131—152.

OLIVIER, L. (Hrsg.) ca. 1897: La Tunisie. Paris.
ONTT, LE TOURISME EN CHIFFRES (div. Jahrgänge): Office National du Tourisme Tunisien: Le tourisme en chiffres 1970, 1971, 1972, 1974, 1975, 1977. Tunis.

PASCHEN, W. 1941. 1942: Das Verkehrswesen und die Wirtschaft Französisch-Nordafrikas. Archiv für das Eisenbahnwesen. Berlin. Algerien: 64 (1941), S. 1015—1062. Tunesien: 65 (1942), S. 81—119.
PAWERA, J. 1964: Algerias infrastructure. An economic survey of transportation, communication and energy resources. New York & London.
PROTECTORAT FRANÇAIS 1932: Protectorat Français — Régence de Tunis. Commision d'Études Économiques et Financières. Rapports de la Sous-Commision d'Études Économiques. Tome 2. Rapports Particuliers: Circulation des produits, commerce et industries générales. Tunis.

RECENSEMENT GÉNÉRAL DE LA CIRCULATION 1967: République Tunisienne. Secrétariat d'Etat aux Travaux Publics et à l'Habitat. Services des Ponts et Chaussées. Service des Statistiques Routières: Recensement Général de la Circulation 1967—1968. Tunis.
RIEUMAS, E. 1972: Maghreb et transport aérien. Maghreb. Paris. 54 (1972), S. 31—40.

SCHLIEPHAKE, K. 1975: Erdöl und regionale Entwicklung. Beispiele aus Algerien und Tunesien. Hamburg.
SNCFT 1966: Société Nationale des Chemins de Fer Tunisiens. Service des Études Générales: Statistique par gare ou station du mouvement commercial pendant l'année 1966. Tunis.
SOULA, M. 1976: Le réseau routier Tunisien. Revue Tunisienne de l'Equipment. Tunis. 5 (1976), S. 5—15.
STATISTISCHES BUNDESAMT 1975: Statistisches Bundesamt Wiesbaden. Allgemeine Statistik des Auslandes. Länderberichte. Algerien. Stuttgart und Mainz.
STB, INFORMATIONS ÉCONOMIQUES 1972, 1978: Société Tunisienne de Banque: Informations Économiques Nr. 113 (1972), Nr. 168 (1978), Tunis.
STB, RAPPORT ANNUEL (div. Jahrgänge): Société Tunisienne de Banque: Rapport Annuel 1971, 1973, 1975, 1977. Tunis.

TAAFFE, E. J.; MORRILL, R. L. et al. 1970: Verkehrsausbau in unterentwickelten Ländern; eine vergleichende Studie. In: Bartels, D. (Hrsg.): Wirtschafts- und Sozialgeographie. S. 341—366. Köln-Berlin.
TAREB, A. 1979: Un atout économique de premier ordre. El Djeich. Revue de l'Armée Nationale Populaire, Algier. 18 (1979), 191, April 1979, S. 24—26.
TOMAS, F. 1970: Les mines et la région d'Annaba. Revue de Géographie de Lyon, Lyon. 45 (1970), S. 31—59.

VALENSI, L. 1969: Le Maghreb avant le prise d'Alger. Paris.

WAGNER, H.-G. 1976: s. AFRIKA-KARTENWERK. Blatt N 8.
— 1981: s. AFRIKA-KARTENWERK. Beiheft N 8.
WEEXSTEEN, R. 1973: Les transports terrestres en Algérie. Transports, Paris. 178 (1973), S. 9—29.

Kartenverzeichnis

Algerien

ATLAS DE L'AFRIQUE DU NORD 1939: s. HARDY, G.; POLACCHI, P.; et al.
CARTE D'ALGÉRIE 1:25 000 (Type 1960), div. Blätter. Hrsg.: Institut Géographique National, Paris.
CARTE D'ALGÉRIE AU 50 000ᵉ (Type 1922), div. Blätter. Hrsg.: Institut Géographique National, Paris.
CARTE D'ALGÉRIE 1:200 000 (Type 1960), div. Blätter. Hrsg.: Institut Géographique National, Paris.
CARTE MICHELIN 1975: Carte Michelin Nr. 172, Algérie-Tunisie 1:1 Mio. Paris.
HARDY, G.; POLACCHI, P.; et. al. 1939: Atlas de L'Afrique du Nord. Paris.

Tunesien

CARTE DE TUNISIE AU 50 000ᵉ (Type 1922), div. Blätter. Hrsg.: Institut Géographique National, Paris.
CARTE DE TUNISIE 1:200 000, div. Blätter. Hrsg.: Institut Géographique National, Paris.
MINISTÈRE DES TRAVAUX PUBLICS, 1963: Routes de Grands Parcours. Karte 1:1 Mio. Tunis.
TUNISIE AU 500 000ᴱ, 2 Blätter. Hrsg.: Secrétariat d'État aux Travaux Publics et à l'Habitat. Service Topographique, Tunis.

Summary

Map N 13 of the Afrika-Kartenwerk is concerned with transportation geography and covers road, rail and air traffic, trade in and out of ports as well as oil and gas pipelines in Tunisia and eastern Algeria. Owing to the varying availability of data in both Maghreb countries no uniform reference year could be used. The information recorded on the map is taken from the years 1966—1972. The final draft of the map was completed in April 1976, but in the accompanying monograph traffic data, as far as it was available, was added up to the year 1975.

1   Road Traffic

In the eastern Maghreb the most important transport system for interregional passenger and goods traffic is the road, since there are no navigable rivers and since the railways are still primarily used for the transport of products from the mines.

The pre-colonial network of roads consisted almost entirely of tracks, since before the French occupation overland traffic in the Maghreb was by foot or by pack animals. Only in northeastern Tunisia was the two-wheeled vehicle, the *araba,* used in local traffic. The construction of hard-surface roads only began in the wake of European colonization as a necessary precondition of military domination and colonial penetration of the Maghreb states. The Algerian road network has developed out of military roads constructed by French army engineers between 1830 and 1850. The conquest of Tunisia in 1881 came at a time when the railway had already become the most modern means of transportation; consequently, the construction of railways took place earlier than the construction of roads, which at that time merely served as feeder lines for the railway. Not until the advent of the automobile from 1920 onwards did the construction of roads again receive a higher degree of priority in the Maghreb, thus leading to a relatively rapid expansion of the road network. Shortly before the Second World War, roads, for example the route between Tébessa and Gabès, were developed or improved for strategic reasons. In Algeria the road network underwent intensive development in the wake of the War of Independence from 1954 to 1962, while at the same time oil exploration led to the construction of the first asphalt roads in the Sahara.

In the post-colonial era the road network was extended further to meet the requirements of extensive national development. In Tunisia the gaps which still existed especially in the steppes were closed, making the towns of Kairouan, Kasserine and, above all, Gafsa significant traffic junctions. The larger Saharan oases were made more easily accessible by the construction of permanent roads; of special note is the completion of the stretch from Tozeur to Touggourt which provides Tunisia with a link to the projected Trans-Saharan route. In the South of Tunisia a number of roads underwent special redevelopment to serve the needs of the tourist industry.

On the whole the road system in the area covered by map N 13 shows an excellent state of development, especially when compared with other parts of Africa. In 1971 the road network in Tunisia amounted to 16,500 km, of which 8,500 km were hard-surface, all-weather roads. The most conspicuous feature of the configuration of the Tunisian network is its orientation on Tunis; in the area of the map representing Algeria, Constantine is the most important traffic centre.

The representation of traffic volume is based on the Algerian traffic census of 1966 and the Tunisian census of 1967. A conspicuous feature of traffic movement in the area covered by map N 13 is the inconsiderable amount of traffic crossing the borders between the three Maghreb countries Algeria, Tunisia and Libya. This applies to both passenger and goods traffic and holds true for all transportation systems. The insignificance of traffic movement across the borders of these countries is an indication of the minimal economic and social integration of the Maghreb countries.

Clearly dominant in the Tunisian road system is the North-South axis Bizerte—Tunis—Sousse—Sfax which runs parallel to the coast through the densely populated and economically active coastal zone. The orientation of road traffic on Tunis, the main centre, is clearly evident. In contrast, the density of traffic between the coastal zone and the interior is comparatively small, as there is no large inland urban centre in Tunisia. This exclusive orientation of road traffic on the coastal zone and especially on the town of Tunis has a long history, which the centralist policies of the state in the colonial and post-colonial period only served to intensify.

In the area of the map representing Algeria, Constantine is by far the most important focal point of road traffic. In contrast to Tunis, Constantine is an inland urban centre which has been the dominant centre of eastern Algeria without interruption since ancient times. The road carrying the heaviest amount of traffic is the West-East route Algiers—Sétif—Constantine—Annaba.

2   Rail Traffic

Unlike the network of roads, the railway network in the Maghreb countries dates almost entirely from the colonial period, built for the most part between 1870 and 1914. After decades of neglect of both track and rolling stock, the railways of the Maghreb are at present not able to satisfy the demands made on them by the rapidly increasing population and by industrialization.

The individual lines were built in the colonial period by various private companies; their construction was not based on any planned concept but built section by section according to local economic and military requirements. Today, in the area of both countries represented on the map, the network is still divided into standard (1,435 mm) and narrow-gauge (1,000 mm) lines, representing a great hindrance to goods traffic. The history of railway construction in colonial times has resulted in the inadequate role the railways have played in the development of the area as far as transportation is concerned. A genuine network has not materialized; branch lines are dominant. The configuration of the Algerian network is simple, based as it is on the main line from West to East (Oran—Algiers—Constantine—Annaba) with four branch lines leading off southwards to the edge of the Sahara. Two of these lines which penetrate into the interior, one terminating at Touggourt, the other at Djebel Onk, are included on map N 13. The Tunisian network has a similar structure: from the main North-South line which runs parallel to the coast (Bizerte—Tunis—Sfax—Gabès) five lines branch off into the interior. All five branch lines start out from seaports. Both "networks" resemble a rake, the Algerian "network" with four prongs, the Tunisian with five. Cross-connections between the individual branch lines are few. The Tunisian lines rarely take into account the configuration of towns existing from pre-colonial times, as their main function was to transport mining and agricultural products for export to the nearest port. The Tunisian network, especially, bears the characteristics of a colonial economy with its interests directed abroad. After decades of neglect, the railways of the Maghreb are now being allocated funds for improvement and modernization and the construction of new lines is planned.

In the countries of the eastern Maghreb the turnover achieved by the railways is based chiefly on goods traffic. Passenger traffic on the Algerian railways today is lower than in the nineteen-thirties; the Tunisian state railway is dependent for its passenger traffic mainly on commuters in and out of Tunis. Goods traffic in the Maghreb consists of a small number of bulk products such as iron ore, phosphates, building materials and corn. The movement of traffic is still dominated by the transport of mining products from the interior to the coastal towns. Today, however, in contrast to the colonial period, the entire output of the mines is no longer exported in a crude state; a considerable proportion of iron ore and phosphates are now processed in industries established near the coast in the post-colonial period. Density of traffic on the different lines varies greatly. The Algerian *ligne minière* from Djebel Onk and Djebel Ouenza to Annaba carries an annual goods volume of 3—4 million tonnes, representing more than half of the total tonnage carried by the Algerian state railway. In Tunisia the phosphate transport line from Metlaoui to Sfax has a similar position. A large decrease in transport volume is to be observed on the Tunis-Djerissa line, since the iron ore deposits at Djebel Djerissa are exhausted. The other branch lines, too, carry a very low volume of transport. On the Tunisian North-South line, between Tunis and Sfax, the transport volume varies between 300,000 and 400,000 tonnes annually. As a result of the drive towards industrialization in Algeria, the West-East main line will have to cope with a massive increase in the demand for transport.

In the Maghreb at present, rail transport is still dominated on the whole by the structure prevalent in the colonial period of one-way bulk transport from the interior to the coast, the waggons returning empty. Each line caters for a special product and the movement of goods from one line to another is comparatively rare.

3   Oil and gas pipelines

The discovery of oil and natural gas fields in the Sahara from 1956 onwards has brought fundamental changes to the economic structures of Algeria, Libya and, to a lesser degree,

Tunisia. Although the oil fields in the area covered by map N 13 are relatively small, two major oil and gas terminals, Skikda and La Skhira, fall within this area. The oil pipeline from In Amenas to La Skhira was opened in 1960 and since 1966 it has also transported the production of the El Borma field in Tunisia. The volume of oil transported varies between 9 and 15 million tonnes per year. Regional politics played a role in the Algerian government's decision in 1967 to develop Skikda not only as a terminal for both an oil and a gas pipeline but also as a site for a refinery and for petrochemical processing plants. The natural gas line has become an important factor of regional development in eastern Algeria, since besides transporting quantities of gas earmarked for export it also supplies the larger towns and industrial plants with cheap energy.

4   The traffic of the seaports

When the French occupied Algeria and Tunisia, one of the first measures taken by the colonial administration to improve the infrastructure was to build ports. These formed the bridgeheads of colonization and, in conjunction with the roads and railways, they were a prerequisite of penetration into the land; indeed, the economic development of the colonies would have been impossible without them. In the area of the map six ports — Skikda, Annaba, Bizerte, Tunis, Sousse and Sfax — underwent enlargement and improvement in the second half of the nineteenth century. Although their capacity fully met the requirements of the colonial period, the development of the oil and gas fields in the Sahara, together with the reorganization of the economy in the postcolonial period, made it necessary from about 1960 onwards to build new ports or to undertake a fundamental redevelopment of existing ones. Skikda and La Skhira were rebuilt as ports for the export of oil and gas; between 1964 and 1969 Tunis took in the former forward port of La Goulette to increase its capacity to handle both passengers and merchandise, since the inland port of colonial times was no longer able to take ships of today's sizes. For reasons purely concerned with regional development, Tunisia built the ports of Tabarka and Gabès in the hope of creating impulses for development in its peripheral zones.

Each port has specialized and taken over widely differing functions. Only Tunis and, to a very modest degree, Sousse are multi-purpose commercial ports with a relatively balanced ratio of cargo entering and leaving the docks. La Skhira consists merely of a loading bridge for oil tankers, while Sfax has specialized in the export of raw phosphates and phosphate fertilizers, although in recent years there has been a considerable increase in the import of various goods through this port. Annaba has undergone a similar development; in the past traffic was more or less confined to the export of iron ore and phosphates but this has now been counterbalanced by growing imports of industrial raw materials. The port of Skikda, shown on map N 13 as still serving a hinterland which stretches as far as the Saharan oil fields with imports, has in the meantime begun with the export of oil and liquid gas; in terms of tonnage this now enjoys a predominant position. Trade in and out of the port of Bizerte is largely dictated by the oil refinery there; while crude oil is unloaded, petroleum products must be shipped from the refinery to the consumer centres on the east coast of Tunisia by coastal tanker, since the refinery has no rail connections.

Nothing definite can yet be said about the development of trade in and out of the new ports Gabès and Tabarka.

Only in Tunis-La Goulette is passenger traffic of any importance. Thanks to modern car ferries which sail to European ports a notable increase is to be observed in the number of passengers handled by the port of Tunis.

5   Air traffic

As in all other parts of the world, air traffic is gaining importance in the Maghreb. Map N 13 shows the five international airports of Constantine, Annaba, Tunis-Carthage, Monastir-Skanès and Djerba-Mellita. Sixth place is occupied by the airport at Tozeur, opened in 1978 to cater mainly for tourist traffic to the oases of southern Tunisia. International traffic accounts for most of the business handled by Tunisian airports; domestic traffic is of little significance. Whereas regular flights fly into Tunis-Carthage, Monastir-Skanès and Djerba-Mellita handle almost exclusively the charter flights of tourist package tours. In Algeria, on the other hand, domestic flights also play an important role besides international traffic. Both Maghreb states have had a considerable amount of success in the development of national airlines in the post-colonial period. Both Air Algérie and Tunis Air have managed to gain approximately 50 % of the share of the market in regular flights to their respective countries; the Tunisian airline, moreover, has successfully entered the charter business.

Air traffic movement is characterized by a one-sided orientation on Western Europe, especially on France. This is an indication of the close economic and social ties which exist and which have become even stronger in the post-colonial period as a result of the migrations of foreign workers and also through tourism. In contrast, movement of air traffic between the Maghreb and Eastern Europe, the Middle East and Africa south of the Sahara is only slight. The rate of traffic between the Maghreb countries themselves is also surprisingly low.

Résumé

La carte N 13 «Géographie des transports» de l'Afrika-Kartenwerk recense le trafic routier, ferroviaire et aérien, l'activité des ports et les pipelines pour le transport du gaz naturel et du pétrole en Tunisie et dans l'Est de l'Algérie. Compte tenu de la diversité des sources d'information dans ces deux Etats du Maghreb, il n'a pas été possible de prendre une année unique de référence; la carte reproduit donc des données des années 1966—1972, son esquisse finale ayant été terminée au mois d'avril 1976. Le volume explicatif disponible fournit des informations relatives au trafic, dans la mesure où elles ont pu être obtenues, jusqu'en 1975.

1   Le trafic routier

Le trafic routier est, dans le Maghreb oriental, le type de moyen de transport le plus important pour le déplacement interrégional de personnes et de marchandises, étant donné qu'il n'existe pas de fleuves navigables et que les chemins de fer servent toujours, en priorité, au transport des produits miniers. Le réseau de voies précoloniales se composait presque uniquement de pistes, car le trafic terrestre au Maghreb, avant l'occupation française, ne comprenait que des déplacements pédestres et de bêtes de somme. Ce n'est que dans le nord-est de la Tunisie que l'on utilisait également un véhicule à deux roues *(araba)* pour la circulation locale. La construction de routes ne commença qu'à la suite de la colonisation européenne; elle représentait, en effet, une condition préalable indispensable à la domination militaire et à la pénétration coloniale des pays du Maghreb. Le réseau routier algérien trouve son origine dans les routes militaires qui ont été réalisées par les bataillons du génie français de 1830 à 1850. L'assujettissement de la Tunisie (1881) intervint à une époque où le chemin de fer était déjà le moyen de transport le plus moderne. Il en résulte que dans ce pays la construction de voies ferrées démarra avant celle des voies routières, les routes, n'étant, au début, conçues que comme voies de desserte pour le chemin de fer. Ce n'est qu'avec l'apparition de l'automobile à partir de 1920 que la construction routière se vit de nouveau accorder au Maghreb une priorité plus importante, le réseau se développant alors relativement rapidement. A la veille de la seconde guerre mondiale, l'on développa certaines routes pour des raisons stratégiques, telle que, par exemple, la route Tébessa-Gabès. Le réseau routier accusa, en Algérie, une forte densification à la suite de la guerre de libération de 1954 à 1962, alors que, simultanément, l'exploration pétrolière entraîna la construction des premières routes asphaltées dans le Sahara.

Le réseau routier fut encore densifié au cours de la période post-coloniale, afin de répondre aux besoins géographiques du développement du pays. En Tunisie, l'on combla, en particulier, les lacunes encore existantes dans la steppe et des villes telles que Kairouan, Kasserine et surtout Gafsa devinrent ainsi d'authentiques carrefours routiers. Les grandes oasis du Sahara furent mises en valeur par leur accès au moyen de routes tous temps, et il convient de noter principalement la réalisation de la voie Tozeur — Touggourt, laquelle offre à la Tunisie un raccordement à la future route transsaharienne. Toute une série de routes ont été aménagées dans le Sud de la Tunisie pour les besoins spécifiques du tourisme.

Le réseau routier global dans la zone de la carte N 13 accuse un excellent état de développement, particulièrement si on le compare avec celui d'autres parties de l'Afrique. La Tunisie disposait en 1971 d'un réseau de 16 500 km, dont 8500 km de routes tous temps revêtues. La caractéristique la plus frappante de la configuration du réseau tunisien est son orientation en fonction de la ville de Tunis; sur la demi-feuille algérienne, c'est Constantine qui constitue la plaque tournante majeure du trafic.

La description de la densité du trafic repose sur le recensement algérien de la circulation de 1966 ainsi que sur l'enquête tunisienne de 1967. Une caractéristique frappante des flux de la circulation sur la carte N 13 est la faible densité du trafic frontalier entre les 3 Etats du Maghreb que sont l'Algérie, la Tunisie et la Libye. Cette observation est autant valable pour les déplacements de personnes que pour ceux de marchandises, et se vérifie pour tous les types de transport. Ces faibles flux de trafic frontalier sont un indicateur de l'intégration économique et sociale minime des Etats du Maghreb.

Le réseau routier de la Tunisie est clairement dominé par l'axe Nord-Sud parallèle à la côte Bizerte—Tunis—Sousse—Sfax, lequel traverse la zone littorale économiquement active et accusant une forte densité de population. Les flux du trafic routier sont nettement orientés sur le centre urbain majeur de Tunis. L'on ne trouve, par contre, que relativement peu d'encombrements entre la zone littorale et l'intérieur du pays; il manque à la Tunisie un centre urbain intérieur. Cette orientation unilatérale du trafic routier sur la zone côtière et particulièrement sur la ville de Tunis trouve son origine, en Tunisie, dans une longue tradition historique; elle ne fut que renforcée par le centralisme étatique de l'époque coloniale et de la période post-coloniale. Sur la demi-feuille algérienne, il y a lieu par contre de noter que Constantine est, sans interruption, depuis l'Antiquité le centre urbain intérieur dominant de l'Est de l'Algérie et, de loin, le carrefour le plus important du réseau routier de cette région. La route la plus chargée est l'axe Est-Ouest reliant Alger—Sétif—Constantine—Annaba.

2   Le trafic ferroviaire

Contrairement au réseau routier, le réseau ferroviaire des pays du Maghreb date, presque dans sa totalité, de l'époque coloniale; il a été, pour la plus grande partie, construit entre 1870 et 1914. Après des décennies de négligence des infrastructures et du matériel roulant, les chemins de fer du Maghreb ne sont plus aptes, de nos jours, à répondre à la demande d'une population s'accroissant rapidement et de l'industrialisation.

Les différentes lignes ont été créés à l'époque coloniale par diverses sociétés privées. Aucune conception homogène de réseau n'a jamais déterminé la réalisation des différentes voies; elles ont été plutôt construites par sections, en fonction des besoins économiques et militaires locaux. Le réseau, autant sur la demi-feuille algérienne que tunisienne, se décompose encore aujourd'hui en lignes à voies normales (1435 mm) et à voies étroites (1000 m), ce qui constitue un obstacle important au trafic marchandises. La fonction insatisfaisante des lignes de chemin de fer, du point de vue de la géographie des moyens de communication, trouve son origine dans l'histoire de la construction des voies de l'époque coloniale. Aucun reseau authentique n'a jamais vu le jour, les antennes vers l'intérieur dominent. La configuration du réseau algérien est simple; elle est fondée sur la ligne magistrale Est-Ouest Oran—Alger—Constantine—Annaba, à partir de laquelle 4 antennes se dirigent vers le Sud jusqu'à la limite du Sahara. Deux de ces lignes de pénétration aboutissant à Touggourt et à Djebel Onk sont mentionnées sur la carte N 13. Le réseau tunisien est conçu de façon similaire: De la ligne Nord-Sud parallèle à la côte et reliant Bizerte, Tunis, Sfax—Gabès bifurquent 5 lignes à l'intérieur du pays, l'ensemble des embranchements partant de villes portuaires. Ces deux «réseaux» ressemblent à un râteau à 4 ou 5 dents. Il n'y a que peu de liaisons transversales entre les différentes lignes de bifurcation. Les réseaux tunisiens ne tiennent souvent aucun compte du réseau urbain précolonial, étant donné que leur fonction principale était le transport de produits d'exportation miniers et agricoles jusqu'au port le plus proche. Le réseau tunisien est particulièrement marqué par le côté extraverti de l'économie coloniale. Après des décennies d'abandon, les chemins de fer au Maghreb font l'objet, actuellement, de nouveaux investissements importants et l'on projette, de nouveau, également la construction de nouvelles voies. Les voies ferrées du Maghreb oriental sont principalement exploitées pour le trafic marchandises. Le trafic passagers des chemins de fer algérien est, de nos jours, encore plus faible que dans les années trente; celui des chemins de fer de l'Etat tunisien repose essentiellement sur le trafic de navette dans la région de Tunis. Le réseau ferroviaire de marchandises au Maghreb est utilisé pour le transport d'un petit nombre de produits de gros tonnage tels que le minerai de fer, le phosphate, les matériaux de construction et les céréales. Une analyse des flux du trafic révèle ainsi une prééminence persistante du transport des produits miniers de l'intérieur du pays aux villes côtières.

Mais, contrairement à l'époque coloniale, ce n'est plus l'ensemble des matières extraites qui est exporté à l'état brut; une part déjà essentielle des minerais de fer et des phosphates est transformée par les industries de base du littoral, qui ont fait leur apparition dans la période post-coloniale. La charge des différentes voies est très variable. Sur la «ligne minière» algérienne menant de Djebel Onk ou de Djebel Ouenza à Annaba, le volume transporté annuellement, s'élevant à 3—4 millions de tonnes, correspond à plus de la moitié du volume global déplacé par les chemins de fer nationaux algériens. Le transport par voie ferrée de phosphate entre Metlaoui et Sfax revêt une importance analogue en Tunisie. La densité de produits transportés sur la ligne de pénétration Tunis—Djerissa est en régression sensible, étant donné l'épuisement des gisements de minerais de fer de Djebel Djerissa. Les autres antennes assument, d'une façon générale, le transport d'un volume assez faible. La ligne tunisienne Nord-Sud accuse entre Tunis et Sfax un volume de trafic différencié de 300 000—400 000 t/an. La ligne magistrale Est-Ouest algérienne devra répondre, au cours des prochaines années, à un accroissement brutal de la demande en moyens de communication, à la suite de l'intensification de l'industrialisation du pays.

Dans l'ensemble, c'est encore le modèle de l'époque coloniale d'un transport unilatéral de produits de gros tonnage, de l'intérieur du pays à la côte, qui prédomine actuellement au Maghreb; les wagons sont vides sur le chemin du retour. Les différentes lignes sont concentrées sur un produit, le flux de produits d'une ligne à l'autre est relativement faible.

3 Les conduites de gaz naturel et de pétrole

La découverte de champs pétrolifères et de gisements de gaz naturel dans le Sahara depuis 1956 a radicalement modifié la structure économique de l'Algérie et de la Libye ainsi que celle, dans une moindre mesure, de la Tunisie. Dans la zone décrite par la carte N 13, l'on ne trouve que de petits champs pétrolifères, mais cette région comprend néanmoins avec Skikda et La Skhira deux importants terminaux de gaz naturel et de pétrole. La conduite pétrolière de In Amenas-La Skhira a été ouverte en 1960; elle permet, depuis 1966, le transport de l'extraction du champ tunisien de El Borma. Le volume transporté oscille entre 9 et 15 millions de tonnes par an. Pour des raisons de politique régionale, le gouvernement algérien décida de développer Skikda en tant que terminal d'une conduite de pétrole et de gaz naturel pour l'exportation, et emplacement d'une raffinerie et d'industries de base pétrochimiques. La conduite de gaz naturel revêt ici une fonction importante pour le développement régional de l'Est de l'Algérie, dans la mesure où, outre son utilisation pour le transport des quantités de gaz prévues pour l'exportation, elle alimente également en énergie bon marché les grandes villes et les entreprises industrielles.

4 Le trafic des ports maritimes

Après l'occupation de l'Algérie et de la Tunisie par la France, l'une des premières mesures infrastructurelles de l'administration coloniale fut la construction de ports. Ils étaient les têtes de pont de la colonisation, constituaient, en relation avec les routes et les voies ferrées, la condition préalable à la pénétration du pays et rendaient, d'une façon générale, possible le développement de l'économie coloniale. Dans la région décrite par la carte N 13, les 6 ports de Skikda, Annaba, Bizerte, Tunis, Sousse et Sfax ont été développés au cours de la seconde moitié du 19e siècle. Leurs capacités suffisaient pleinement pour répondre à la demande de l'époque coloniale. Ce n'est que la mise en valeur des champs de pétrole et de gaz naturel du Sahara ainsi que la restructuration de l'économie au cours de la période post-coloniale qui rendirent nécessaire à partir de 1960 la construction de nouveaux ports ou l'extension approfondie des installations plus anciennes. Les ports pétroliers et de gaz naturel de Skikda et de La Skhira ont été, entre-temps, nouvellement construits; la ville de Tunis acquit de 1964 à 1969, dans l'ancien avant-port de La Goulette, un nouveau port de marchandises de détail et de passagers, compte tenu du fait que le port urbain de l'époque coloniale n'était plus apte à accueillir les dimensions des paquebots d'aujourd'hui. La Tunisie construisit, à la suite de considérations purement de politique régionale, les ports de Tabarka et de Gabès, dans l'espoir de nouvelles impulsions pour le développement des régions périphériques.

Les différents ports se sont vu attribuer des fonctions spécifiques très variables. Les seuls ports commerciaux multifonctionnels accusant un rapport relativement équilibré entre la réception et l'expédition de marchandises sont Tunis et — à un niveau très modeste — également Sousse. La Skhira ne comprend qu'un pont de charge pour pétroliers; Sfax se concentre, comme par le passé, sur l'exportation de phosphates bruts et d'engrais à base de phosphate, même si l'importation de divers produits s'est sensiblement accrue au cours des dernières années. Annaba accuse un développement similaire. L'exportation exclusive de minerais de fer et de phosphates est compensée par l'importation accrue de matières premières industrielles. Skikda, représenté sur la carte N 13 comme encore un port d'importation pour un arrière-pays allant jusqu'aux régions pétrolifères du Sahara, assure désormais l'expédition de pétrole et de gaz liquide, qui constitue de nos jours, en tonnage, l'activité la plus importante. L'activité du port de Bizerte est, en grande partie, commandée par la raffinerie de pétrole: L'on procède d'une part au transbordement du pétrole brut; puis les dérivés du pétrole doivent être transportés au moyen de pétroliers caboteurs de la raffinerie aux centres de consommation sur la côte est de la Tunisie, car la raffinerie ne dispose pas d'embranchement ferroviaire. Une description fiable du développement de l'activité des nouveaux ports de Gabès et de Tabarka ne paraît pas encore possible.

Le trafic passagers ne revêt une certaine importance que pour Tunis-La Goulette. Grâce aux «ferry-boats» modernes en direction des ports européens, le trafic passagers accuse, de nouveau, à Tunis des taux d'accroissement considérables.

5 Le trafic aérien

Comme partout dans le monde, le trafic aérien revêt, au Maghreb également, une importance croissante. La carte N 13 comprend les 5 aéroports internationaux de Constantine, Annaba, Tunis-Carthage, Skanès-Monastir et Djerba-Mellita. Un sixième aéroport, celui de Tozeur, spécialement prévu pour le trafic touristique vers les oasis sud-tunisiennes, a ouvert ses portes en 1978. Le trafic international est prédominant dans les aéroports tunisiens, le trafic intérieur étant insignifiant. Alors que l'aéroport de Tunis-Carthage accueille essentiellement des vols de ligne, Monastir-Skanès et Djerba-Mellita sont presque exclusivement des aéroports d'accueil de vols charters pour le tourisme de groupe. Outre le trafic international, la circulation aérienne intérieure joue également un rôle important en Algérie. Ces deux Etats du Maghreb développèrent avec succès, au cours de la période postcoloniale, leurs compagnies aériennes nationales. Air Algérie tout comme Tunis Air ont pu conquérir une part du marché d'environ 50 % du trafic aérien de ligne en direction de leurs Etats, la compagnie tunisienne étant même parvenue à s'imposer sur le marché des vols charters.

Les flux de la circulation aérienne sont marqués par une orientation exclusive vers l'Europe occidentale et, tout particulièrement, vers la France. Cette orientation constitue un indicateur des étroites interdépendances économiques et sociales, qui se sont vues plutôt renforcées, au cours de la période post-coloniale, par les mouvements de travailleurs étrangers et le développement du tourisme. Les flux de voyages aériens en direction de l'Europe de l'Est, du Proche-Orient et de la partie de l'Afrique située au sud du Sahara restent, par contre, extrêmement faibles. On constatera également, avec étonnement, la faible intensité du trafic entre les différents Etats du Maghreb.